Manfred Stutz

# Mozart, Mode, Mafiosi

Bibliografische Information der Deutschen Nationalbibliothek:
Die Deutsche Nationalbibliothek verzeichnet diese Publikation
in der Deutschen Nationalbibliografie, detaillierte bibliografische Daten sind im Internet über http//dnbdnh.de abrufbar

© 2017 Manfred Stutz
Herstellung und Verlag:
BoD – Books on Demand, Norderstedt
Umschlag: nach einer Idee des Autors unter Verwen-
dung eines Mozartbildes

**ISBN 978-3-8482-0067-2**

Interaktives

Dramma giocoso

in vier Bildern

Auf ein Motiv von Bret Harte

*„Da der Tod (genau zu nehmen) der wahre End-*
*zweck unseres Lebens ist, so habe ich mich seit ein*
*paar Jahren mit diesem wahren, besten Freunde des*
*Menschen so bekannt gemacht, daß sein Bild nicht*
*allein nichts Schreckendes mehr für mich hat, son-*
*dern sehr viel Beruhigendes und Tröstendes!"*

W. A. Mozart (27.01.1756 – 05.12.1791) im Alter
von eineindreißig Jahren in einem Brief an den Vater.

*Die Personen*

| | |
|---|---|
| Hoppla, der Maestro | Totenkünstler |
| Miss Daisy | seine Sekretärin |
| Vittorio Benedetti | Mafiaboss |
| Carlo Benedetti | sein Bruder |
| Giusto Benedetti | beider Neffe |
| Zwei Gangster | |
| Zwei Jungen | |

## Erstes Bild

*Eine Pizzeria mit heruntergelassenen Rolläden an den Fenstern, zur Hälfte im Dunkel, ohne Gäste. Giusto an der Theke, Carlo kommt herein.*

*Giusto*: Onkel Carlo!

*Carlo*: Giusto, mein Junge!

*(Sie umarmen sich, tauschen Wangenküsse)*

*Carlo*: Junge, gut schaust du aus!

*Giusto*: Danke! *(betrachtet Carlo)* Entschuldige, du nicht so. Sorgen –?

*Carlo (lacht)*: Sorgen! Kennen wir Benedettis Sorgen? – Nein, etwas überarbeitet… dies, jenes… man muß sich kümmern, nicht wahr?

*Giusto*. Natürlich.

*Carlo*: Und du? Die alten Hobbies? Mädel? Motor? Mode? – Na klar, in deinem Alter! Junge, laß nichts anbrennen, sag ich dir. Wenn´s vorbei ist, ist es vorbei!

*Giusto*: Onkel Carlo! Willst du sagen –! Schon die Flinte ins Korn geworfen? – Du doch nicht! Du bist ein Mann im besten Alter! Ein attraktiver Mann, nach dem die Frauen sich umdrehen!

*Carlo*: Danke, mein Junge! – Ja, das will ich meinen! Im besten Alter! Das ist es ja gerade… im besten Alter und verheiratet.

*Giusto*: Onkel, du schockierst mich! Du und Tante Mary, ihr beide… ich dachte immer – also, ich denke jetzt noch, wenn ich mal heirate, dann so eine wie Tante Mary. Ihr zwei seid ein wunderbares Paar – und eure Kinder!

*Carlo*: Ja, wunderbar! Und die Bambini… *(schluchzt)* ich danke Gott jeden Tag! *(schneuzt sich)* Das ist die eine Seite… alles wunderbar! Und dann gibt´s noch die andere!

*Giusto*: Welche andere?

*Carlo*: Die andere.

*Giusto*: Eine andere Frau?

*Carlo*: Eine? – So viele… zu viele... viel zu viele – eine knackiger als die andere!

*Giusto*: Onkel –!

*Carlo*: Fest im Fleisch wie zum Nüsseknacken… mamma mia!

*Giusto*: Onkel –!

*Carlo*: Richtige Nußknackerweiber… wenn du verstehst, was ich meine. Aber ist nichts mit Nüsseknacken, man ist verheiratet.

*Giusto*: Onkel – ich hätte nie gedacht… ich dachte immer, ihr seid glücklich.

*Carlo*: Wir *sind* glücklich… ich sag ja, die Bambini, welch ein Glück… aber ich wäre noch glücklicher…

*Giusto*: Verstehe, die Nußknackerweiber… die machen dich unglücklich.

8

*Carlo*: Nein, die machen mich auch glücklich. – Ach, wenn ich nur eine sehe und mir vorstelle… weißt du… mir vorstelle… so feste Möpse… so stramme Schenkel – so herrliche Nussknackerinnen, und man muß sie links liegenlassen.

*Giusto*: Du bist verheiratet.

*Carlo*: Sag ich doch – verheiratet! Und das ließe sich sogar arrangieren, deine Tante ist eine vernünftige Frau, man kann mit ihr reden… und sie hat ja die Kinder… und das eine hätte mit dem anderen gar nichts zu tun. Die Familie über alles, natürlich, aber mit ihm geht das nicht, leider.

*Giusto*: Er hat seine Prinzipien. Er muß Prinzipien haben, er ist der Boss. Wir müßten genau so sein – entschuldige, ich wollte dich nicht belehren.

*Carlo*: Man merkt's ihm halt an, er ist noch auf Sizilien geboren und zum Teil da aufgewachsen… dein Vater, Gott sei seiner Seele gnädig, ja noch länger. Ja, dein Vater, der kannte in solchen Sachen noch weniger Spaß… in allem, was die Familie angeht, meine ich. Ich geb's zu, ich bin da etwas anders… ich bin ja auch schon in den Staaten geboren.

*Giusto*: Ehrlich gesagt, ich weiß nicht, wie's richtig ist – das heißt, ich weiß es schon, die Familie ist heilig, meine ich.

*Carlo*: Du mußt dir darüber noch keinen Kopf machen – nimm mit, was du kriegen kannst. Irgendwann ist´s zu spät, ob so oder so. Hast du was Festes im Augenblick?

*Giusto*: Was Festes? Was ist das?

*Carlo*: Eben! Tust du gut dran! *(überlegt etwas)* Dann hättest du doch Zeit, du warst lange nicht bei uns. Deine Tante und die Kinder fragen ständig nach dir. Sie lieben dich – bist ja auch ein feiner Kerl.

*Giusto*: Danke! Ich schau, wie sich´s einrichten läßt, und melde mich bei Tante Mary.

*Carlo*: Ja, komm nächsten Sonntag zum Essen. Sie würden sich alle sehr freuen. Ich natürlich auch.

*Giusto*: Danke, Onkel. Ich seh´, was sich machen läßt... und bestell schon mal liebe Grüße und küß die Kleinen.

*Carlo*: Mach ich. Aber sag mal – warum bin ich hier? Warum sind wir hier? Bei ihm.

*Giusto*: Er wollte das so.

*Carlo*: Er?

*Giusto*: Ja.

*Carlo*: Und warum? Ich hab mich gewundert... ich frage mich, warum? Warum bist du nicht zu mir gekommen, wenn´s was zu besprechen gibt?

*Giusto*: Onkel Carlo –

*Carlo*: Ja...

*Giusto*: Wie ich schon sagte, der Boss wollte es so.

*Carlo*: Der Boss ist mein Bruder. Er sollte mich mit mehr Respekt behandeln, meine ich... ich bin sein

Bruder und eines Tages, eines fernen Tages hoffentlich, sein Nachfolger. Gut, er ist der Boss, da kann man oft nicht so, wie man möchte – und ich weiß ja, er liebt mich… ich bin sein kleiner Bruder, er hat mich immer geliebt.

*Giusto*: Dich und deine Familie liebt er, Onkel Carlo! Ihm stehen manchmal die Tränen in den Augen, wenn er von euch spricht. Er hat ein so weiches Herz! Und eigene Kinder wollte Gott seiner Frau nicht schenken. Wo er Kinder über alles liebt. Ich bin ja nur sein Neffe…

*Carlo*: Ja, ja… er liebt Kinder.

*Giusto*: Es ist gut, finde ich, daß unser Gespräch auf diesen Punkt gekommen ist, Onkel Carlo. Nicht, daß du einen falschen Eindruck hast und dich vielleicht manchmal fragst – ich will ihm wie ein guter Sohn sein, sonst nichts, verstehst du?

*Carlo*: Also, um was geht es? Warum hat er mich herzitiert?

*Giusto*: Das ist eine… Wie soll ich sagen – ich will es nicht an Respekt fehlen lassen, du bist ein respektabler Mann und außerdem mein Onkel und warst früher mal mein Vorbild.

*Carlo*: Früher mal?

*Giusto*: Onkel, ich muß offen reden – jetzt nicht mehr.

*Carlo*: Was! Wie redest du mit mir! Was gibt dir Anlaß, mir Vorbildcharakter abzusprechen… vielleicht sogar meinen Kindern gegenüber?

*Giusto*: Verzeih, Onkel, du gibst selbst das richtige Stichwort: Charakter.

*Carlo*: Du ziehst meinen Charakter in Zweifel?!

*Giusto*: Ich handle in seinem Auftrag, vergiß das bitte nicht. Wenn ich gewisse Dinge so formuliere, wie ich sie formuliere, wiederhole ich im Grunde nur, was er selbst so gesagt hat. Ich bin sein Sprachrohr, mehr nicht.

*Carlo*: Er? – Er zieht meinen Charakter in Zweifel?

*Giusto*: Ja.

*Carlo*: Warum?

*Giusto*: Onkel –!

*Carlo*: Was ‚Onkel‘!

*Giusto*: Du bist seit zwei Jahren für die Finanzen zuständig.

*Carlo*: Und?

*Giusto*: Das ist ein vertrauensvoller Posten.

*Carlo*: Das mußt du mir nicht sagen, das weiß ich.

*Giusto*: Offenbar nicht.

*Carlo*: Wie!

*Giusto*: Onkel Carlito –!

*Carlo*: Wie nennst du mich! Carlito –?! Für dich immer noch Onkel Carlo!

*Giusto*: Entschuldige, Onkel Carlo. Deine kleinen Nebengeschäfte auf eigene Rechnung…

*Carlo*: Neben… was? – Wovon redest du?

*Giusto*: Onkel Carlito – erspar mir bitte Details. Sei ein Ehrenmann! Du hast Mist gemacht, steh dazu!

*Carlo*: Wenn ich meine Beretta dabei hätte, ich schwöre dir…

*Giusto*: Hältst du mich für so naiv? *(zeigt in den dunklen Teil des Raums)* Ehe du das Ding in der Hand hättest…

*Carlo*: Wer ist da?

*Giusto (lacht)*: Niemand.

*Carlo*: Mach Licht an!

*Giusto*: Da ist niemand! Und Waffen tragen… die Zeiten sind vorbei, der Boss will es nicht. Aber in welchem Ton reden wir miteinander – Onkel Carlo! Laß uns vernünftig sein. Ich sage nur Rennbahn… dein Wettbüro auf der Windhundrennbahn. Ein kleines Nebengeschäft, oder?

*Carlo schweigt.*

*Giusto*: Onkel Carlito!

*Carlo*: Ja.

*Giusto*: Schwamm drüber! Das weiß er doch schon seit langem. Dein Bruder ist ein großzügiger Mensch. Laß ihm das Vergnügen, hat er gesagt. Er ist mein kleiner Bruder, kleine Geschäfte erlaube ich ihm.

*Carlo*: Wo gibt´s dann ein Problem?

*Giusto*: Jetzt ist es mit seiner Großzügigkeit vorbei.

*Carlo*: Warum?

*Giusto*: Weißt du nicht, warum?

*Carlo*: Nein.

*Giusto*: Dein letztes Geschäft war eine Nummer zu groß… für dich zu groß – und ist außerdem dabei, in die Hose zu gehen.

*Carlo*: Ihr wißt Bescheid?

*Giusto*: Mit allem Respekt, Onkel Carlito – wie blöd muß man sein, um auf eine so blöde Idee zu kommen?! Eine so unseriöse Idee vor allem! – Über ein Schneeballsystem Geld einsammeln wollen! Und wenn man die blöde Idee schon hat, um wie viel blöder muß man noch sein, nicht rechtzeitig aus der Sache auszusteigen – oder konntest du den Hals nicht voll kriegen, daß du den Absprung verpaßt hast?

*Carlo*: Das stimmt nicht! Die Sache läuft… sie läuft wunderbar. Und was ich absahne, geht selbstverständlich in die Firmenkasse! Ich hatte nie vor…

*Giusto*: Onkel Carlito –!

*Carlo*: Gut, ich hatt's anders vor. Jetzt hab ich mich besonnen… alles geht in die Firmenkasse… der ganze Gewinn!

*Giusto*: Redest du von Gewinn?

*Carlo*: Natürlich… geschätzte zwanzig Millionen!

*Giusto*: Entschuldige – bist du wirklich so blöd, uns für so blöd zu halten? Den Boss und mich? – Den Boss! Hältst du ihn für blöd?

*Carlo*: Natürlich nicht.

*Giusto*: Also! – Und warum meinst du, leite ich die Investigative Abteilung? Warum gibt es die überhaupt? Warum hat der Boss die ins Leben gerufen?

*Carlo*: Er wird seine Gründe gehabt haben.

*Giusto*: Ganz recht. Um faule Eier, wie du eins bist, im Nest aufzuspüren. Und du bist ein oberfaules Ei… sagt der Boss.

*Carlo*: Ja, verdammt, ich hab Fehler gemacht.

*Giusto*: Du hast irreparablen Schaden angerichtet!

*Carlo*: Das läßt sich wieder hinbiegen.

*Giusto*: Ihm geht´s gar nicht so sehr um´s Geld. Den Verlust könnte er verschmerzen – mit wie viel hast du dich aus der Firmenkasse bedient?

*Carlo*: Ich weiß nicht genau, in den letzten Tagen habe ich etwas den Überblick verloren.

*Giusto*: Ungefähr.

*Carlo*: Zehn Millionen.

*Giusto*: Kein Pappenstiel, was!

*Carlo*: Das läßt sich hinbiegen.

*Giusto*: Mach dir nichts vor. Das Ding geht den Bach runter, das Geld ist weg.

*Carlo*: Ich ersetze die Verluste.

*Giusto*: Von was! Mit deinen Windhundgeschäften?

*Carlo*: Vielleicht erläßt er mir was.

*Giusto*: Vielleicht, aber der eigentliche Schaden ist für ihn ein anderer.

*Carlo*: Welcher?

*Giusto*: Siehst du, darüber hättest du dir besser vorher Gedanken gemacht.

*Carlo*: Was meinst du?

*Giusto*: Du bist ein Benedetti.

*Carlo*: Darauf bin ich stolz.

*Giusto*: Schön, ich auch. Und er noch mehr! Was meinst du, wie ihm das gefällt, mit deinen windigen Geschäften in Verbindung gebracht zu werden! Seine Reputation ist dahin! An der er so lange so hart gearbeitet hat. Ein Mann mit sauberem, untadeligem Lebenswandel, ein hoch angesehenes Mitglied der Gesellschaft. Heute abend ist die Halbjahresversammlung des Wohltätigkeitsvereins, er ist einer der Redner – und er wird wieder den höchsten Scheck ausstellen… ein Benedetti! Und bescheiden, so bescheiden! Hier, in der alten Pizzeria eures Vaters fühlt er sich am wohlsten.

*Carlo*: Wo ist er?

*Giusto*: Wer?

*Carlo*: Der Boss.

*Giusto*: Keine Ahnung. Auf jeden Fall gefällt's ihm nicht – du, ein Benedetti und Bankrotteur!

*Carlo*: Sag mal, er wird doch nicht…

*Giusto*: Was?

*Carlo*: Na, Dummheiten machen?

*Giusto*: Dummheiten? Hat er schon je Dummheiten gemacht?

*Carlo*: Nein, nein… so meine ich das nicht. Du weißt, was ich meine – ich bin sein Bruder, sein kleiner Bruder… er liebt mich.

*Giusto*: Natürlich liebt er dich.

*Carlo*: Giusto, ich weiß nicht, was ich sagen soll… du hast mir Angst gemacht… so weit habe ich nicht gedacht… an solche Folgen, meine ich… für die Familie und die Firma. Ich sitz schön in der Scheiße, was?

*Giusto*: Er liebt dich, mach dir keine Sorgen. Natürlich ist er ärgerlich.

*Carlo*: Ja, ich hab Mist gemacht, großen Mist. – Verdammt, ich kann einen brauchen. *(geht hinter die Theke, nimmt eine Flasche, gießt in ein Glas und trinkt)* Äh, du auch –?

*Giusto (wehrt ab)*: Den Kopf wird er dir nicht abreißen. Ein anderer Posten vielleicht… oder du fliegst aus der Firma.

*Carlo*: Nein, nein, damit du…

*Giusto*: Wie?

*Carlo*: Nichts. Äh, am besten rede ich mit ihm.

*Giusto*: Er will nicht mit dir reden.

*Carlo*: Nicht?

*Giusto*: Ich hab´s ihm vorgeschlagen. Er will nicht, im Augenblick nicht. Er ist zu enttäuscht, weißt du.

*Carlo*: Verstehe.

*Giusto*: Ich rede mit ihm. Natürlich lege ich ein gutes Wort für dich ein. Du bist mein Onkel und warst mal so etwas wie ein Vorbild für mich. Sagte ich das bereits? So was vergißt man nicht, Onkel Carlito.

*Carlo*: Ich danke dir, mein Junge.

*Giusto*: Ich tu mein Bestes! Vor allem dafür, daß du in der Firma bleiben darfst. Du mußt sein Nachfolger werden, wer sonst? − *(klopft Carlo auf die Schulter)* Ja, ich glaube, das war´s. Deswegen wollte er, daß du kommst.

*Carlo (umarmt Giusto)*: Red mit ihm, versuch´s ihm zu erklären, für den Schaden komme ich auf.

*Giusto*: Ich werd´s ihm sagen. Und grüß Tante Mary und die Kinder ganz lieb von mir. Für Sonntag, das wird wohl klappen.

*Carlo*: Ciao, mein Junge. Du bist ein guter Junge, ich hab das immer gewußt.

*Giusto*: Ich bring dich nach draußen.

*Beide ab. Kurz darauf kommt Giusto wieder herein, schließt die Tür ab, geht hinter den Tresen, nimmt einige Flaschen aus dem Regal, betrachtet sie, stellt sie zurück.*

*Vittorio (aus dem Dunkel)*: Mach Licht an.

*Giusto*: Einen Moment… *(er geht zu einem Schalt-kasten, betätigt einen Schalter, überall Licht)*

*Vittorio (sitzt an einem Tisch)*: Komm zu mir. – *(Giusto geht zu ihm, Vittorio schüttelt den Kopf)* Ich wollte es nicht glauben. Ich kann es immer noch nicht glauben.

*Giusto*: Jetzt weißt du es.

*Vittorio*: Mein Bruder… mein eigener Bruder! Ein Ganove! Keine Ehre im Leib! Will die Firma be-scheißen… hintergeht die Familie! – Mit Windhun-den! Ein Benedetti und Windhunde!

*Giusto*: Und jetzt?

*Vittorio*: Jetzt? – Ich bin sein Bruder!

*Giusto*: Natürlich.

*Vittorio (steht auf)*: Aber mehr noch bin ich der Boss! Ich habe eine Verantwortung! Für das Ganze… nicht nur für meinen kleinen Bruder. *(er weint)* O, die armen Kinder… die arme Mary.

*Giusto*: Soll das heißen –?

*Vittorio*: Was sonst! Soll das etwa Schule machen! Daß mir am Ende jeder auf dem Kopf herumtanzt! Mir, Don Vittorio!

*Giusto*: Du hast vollkommen recht, Onkel. Disziplin ist alles.

*Vittorio*: Disziplin ist alles! Und Führung… Füh-rungsstärke! *(Er weint wieder)* O, Carlito… was tust

19

du mir an. Mein guter Ruf… der Ruf der Firma. Carlito, verzeih mir, ich kann nicht anders.

*Giusto*: Und... wie –?

*Vittorio*: Wie – wie… ich hasse laute Geräusche, das weißt du. Allein die Vorstellung von lauten Geräuschen hasse ich. Laß dir was einfallen.

*Giusto*: Ein – Unfall?

*Vittorio*: Nein. – Setz dieses Flittchen auf ihn an. Du weißt, wen ich meine.

*Giusto*: Ja, ja… die würd´ er zu gerne…

*Vittorio*: Die setz auf ihn an. Die soll ihm richtig einheizen… ihm die Nüsse knacken, ein für allemal. Und für den Fall, daß es nicht reicht, gib ihr was mit.

*Giusto*: An was denkst du?

*Vittorio*: Was weiß ich! Potenzpillen für Elefanten! Ja, mischt ihr einen Cocktail zusammen, daß es ihn umhaut, richtig umhaut, aber kein Gift… eine saubere Todesursache… Herzinfarkt… Herzkammerflimmern. *(er weint wieder)* Die armen Kinder… ich darf nicht daran denken… so ein Vater! Untreu, pflichtverloren…

*Giusto*: Soll sie selbst die Polizei –?

*Vittorio*: Hat sie gute Nerven?

*Giusto*: Sie ist clever.

*Vittorio*: Sie soll das aus der Situation heraus entscheiden. Wenn sie ruhig bleibt, kann sie selbst die

Polizei rufen, wenn nicht, macht sie sich aus dem Staub. Irgendjemand wird ihn finden.

*Giusto*: Wo?

*Vittorio*: Auf keinen Fall in der Stadt! Irgendwo außerhalb... am besten ein anderer Staat... Penn-sylvania, Hampshire, Vermont... egal. Anderer Staat, andere Behörden. Hier darf von den näheren Umständen nichts in die Medien.

*Giusto*: In Ordnung.

*Vittorio*: In flagranti, ja... sozusagen vom Tod in flagranti erwischt – untreue Ehemänner leben gefährlich. *(schluchzt erneut)* Ach, die arme Mary! Hat sie das verdient! – *(sachlich)* Alles klar?

*Giusto*: Und die andere Sache?

*Vittorio*: Welche?

*Giusto*: Die Schneeballgeschichte.

*Vittorio*: Kein Aufsehen! Auf keinen Fall! Wir übernehmen die Verluste, was bleibt uns übrig.

*Giusto*: In ein paar Tagen ist sowieso Schluß.

*Vittorio*: Laß es auslaufen... nur kein Aufsehen... unser Name in den Schlagzeilen, das fehlte mir noch!

*Giusto*: Onkel Vittorio, du bist ein großer Stratege! Der einzig denkbare Boss der Firma!

*Vittorio*: Danke. – Nein, *er* hätte nicht das Zeug dazu. Er ist mein Bruder, aber leider, leider, ich muß es sagen... er ist ein Pinscher – er hat keine Grundsätze. – Nußknackerweiber! Wenn ich nicht wäre, er würde es fertigbringen und seine Familie wegen eines hergelaufenen Flittchens, das mit dem Arsch und den Titten wackelt, verlassen. *(schluchzt)* Die armen Kinder…

*Giusto*: Sie tun mir auch so leid – und Tante Mary… *(schluchzt ebenfalls)*

*Vittorio*: Ach, Junge, du bist ein echter Benedetti. Du hast ein gutes Herz… und du hast Pflichtgefühl.

## Zweites Bild

*Im „Atelier". Hoppla sitzt bei der Arbeit. Trägt dabei eine Brille mit Nackenkordel. Im Verlauf des Stückes hantiert er mit ihr auf vielerlei Weise*

*Hoppla (in ein Mikrofon)*: Wann sollen die Jungen da sein?

*Daisy (Stimme aus Lautsprecher)*: Um drei.

*Hoppla*: Und?

*Daisy*: Einer ist da.

*Hoppla*: Dann noch etwas Musik, bitte.

*Daisy*: Was?

*Hoppla*: Sinfonia concertante… für Violine und Viola.

*Die Musik beginnt, hört nach dem Ende des ersten Hörnereinsatzes auf. Während die Musik läuft, unterbricht Hoppla die Arbeit, tanzt, „dirigiert", „spielt Violine".*

*Daisy*: Der zweite ist auch da.

*Hoppla*: Nach dem dritten Einsatz der Violine.

*Die Musik läuft weiter, hört dann auf. Hoppla währenddem wie zuvor. Daisy bringt die Jungen herein, die in der Nähe der Tür bleiben*

*Daisy*: Das ist der Maestro. (Ab)

*Hoppla (arbeitet wieder)*: So, ihr beiden – ich habe euren Eltern schon gesagt, ich brauche nur einen, darum machen wir jetzt den Test.

*John 1*: Ja, Mister Hoppla, was sollen wir machen?

*Hoppla*: Gar nichts, nur zuhören. – Ihr heißt beide John, ja? Also, du bist John eins und du John zwei. Und du, John eins, nenn mich nicht Mister Hoppla. Ich bin der Maestro. Verstanden?

*John 1*: Jawohl, Mister – äh, Maestro.

*Hoppla*: Habt ihr die Musik gehört?

*Die beiden nicken.*

*Hoppla*: Von wem war die?

*John 1*: Von… äh, früher.

*John 2*: Von Mozart.

*Hoppla*: Sehr schön. Von *Mozart*! – Es gab und gibt viele Musiker, aber nur *einen* Mozart! – Und nur *einen* Maestro! Klar?

*John 1*: Klar.

*Hoppla*: Ihr wollt also den Beruf der Thanatopraxie erlernen. Warum?

*John 1*: Äh…

*Hoppla*: Na –?

*John 1*: Äh...

*Hoppla*: Ich will euch sagen, warum. Weil wir in Amerika leben. Und wir leben hier nicht nur, wie man sonst irgendwo in der Welt lebt – wir leben einen *Traum* – den amerikanischen! Wißt ihr, was das ist?

*John 1*: Äh…

*John 2*: Freiheit und Demokratie.

*Hoppla.* Sehr schön, sehr schön – nein, so schön…
egal. Der richtige Traum heißt – na, wie?

*John 1*: Äh…

*Hoppla*: Schaut euch an, schaut euch selbst an!

*John 2*: Jugend.

*Hoppla*: Bravo! – Jugend! – Was noch? – Na?

*John 1*: Äh…

*Hoppla*: Was hast du gern?

*John 1*: Was ich gern –? Burger... Chickenburger!

*Hoppla*: Junge –!

*John 1*: Äh...

*Hoppla*: Wie wär's mit – Erfolg!

*John 1*: Erfolg! Na klar.

*Hoppla*: Noch was?

*John 1*: Äh...

*John 2*: Attraktiv sein.

*Hoppla*: Attraktiv sein, sehr gut! – Wie kann man das
anders ausdrücken?

*John 2*: Schön sein.

*John 1:* Schön sein... logisch.

*Hoppla:* Jugend! Schönheit! Erfolg! Auf immer!
Versteht ihr? – Auf immer! Auch im Tod!

*John 1*: Klar.

*Hoppla*: Also – wenn hier und da der eine oder andere stirbt, darf das nicht heißen, daß alle anderen in
Amerika ihren Traum nicht weiterleben.

*John 1:* Aha...

*Hoppla:* Ihr macht diesen Job, damit niemand, kein Lebender und erst recht kein Toter, den Traum kaputtmacht. – Kapiert?

*John 1*: Klar.

*Hoppla*: Und was genau ist der Traum?

*John 1*: Was?

*Hoppla*: Wie sieht der aus?

*John 1*: Ach so, äh… `n Cadi!

*Hoppla*: Sag einfach: ein *Auto*! – Was für eins?

*John 1*: Was für ein Fabrikat? `N Cadi.

*Hoppla*: Ein *neues*! Möglichst jedes Jahr. Alle zwei Jahre eine neue Küche, alle drei ein Schlafzimmer. Haben die Nachbarn ja auch. – Dazu Hawaii…Florida!

*John 1:* Florida –!

*Hoppla:* Klamotten stets nach der neuesten Mode... na, ihr wißt Bescheid. *(zieht ein Laken, das den Toten bedeckt, über dessen Gesicht, setzt die Brille ab, steht auf)* Wichtig: neu, immer neu! So neu wie all die neuen Menschen, die all das Neue kaufen. Aber ohne Moos nix los, oder?

*John 1*: Nee.

*Hoppla*: Also, was tun?

*John 1*: Äh… weiß nicht.

*Hoppla*: Raboti!

*John 1*: Ist das was Italienisches?

*Hoppla*: Nein, Maloche. Der Schornstein muß qualmen.

*John 1*: Klar.

*Hoppla.* Du bist jung und schön. Egal, wie du wirklich bist – und der Schornstein qualmt, das ist der amerikanische Traum.

*John 1*: Wie bei Ihnen.

*Hoppla*: Wie bei mir?

*John 1*: Der Schornstein, mein´ ich.

*Hoppla*: Bei mir darf er nicht qualmen. Da sind Filter eingebaut. Und riechen darf man auch nichts. Das ist die ganz große Kunst: der Schornstein qualmt, ohne daß jemand was riecht oder sieht. Dann ist der Traum perfekt.

*John 2*: Und überall auf der Welt, wo es Paypal gibt, ist Amerika.

*Hoppla*: *Die* Zivilisation, die einen Traum *lebt*, ja. Die erste in der Geschichte der Menschen – *(winkt ab)* aber was soll´s, wo die Reise hingeht, will eh keiner wissen.

*John 2*: Warum nicht?

*Hoppla (grinst)*: Weil alle besoffen sind. Von ihrem Traum besoffen.

*John 2*: Ja, ich verstehe.

*Hoppla (grinst weiter)*: So, du verstehst mich... *(sieht ihn zum erstenmal richtig an)*

*John 1 (strafft sich, legt die rechte Hand auf die Brust)*: Gott segne Amerika! *(wieder normale Haltung)*

*Hoppla*: Vergiß McDonalds nicht.

*John 1(wie zuvor)*: Und McDonalds! *(Normal-haltung)*

*Hoppla*: Und Coke.

*John 1(wie zuvor)*: Klar, Coke auch! *(Normal-haltung)*

*Hoppla*: Und die Wall Street und Blackrock und... undundund...

*John 1(deutet die vorherige Haltung nur an)*: Klar, alle! *(überlegt)* Und wie –? Ich meine, damit die alle weiter träumen können...

*John 2*: Ein Toter darf nicht wie ein Toter aussehen.

*Hoppla*: Bravissimo! Ein Toter darf nicht wie ein Toter aussehen! Im Gegenteil... wie das Leben – das blühende Leben! Alle, die ihn sehen, müssen nur einen Gedanken haben: *Schönheit* – schön wie ein Hollywoodstar. *Erfolg* – im Mittelpunkt der Aufmerksamkeit stehen. *Jugend* – ewige Jugend ohne Vergänglichkeit. Davon träumt man, oder?

*John 1*: Klar.

*Hoppla*: Habt ihr schon einen Toten gesehen?

*John 1*: Ja.

*Hoppla*: Und du?

*John 2*: Nein.

*Hoppla*: Dann kommt her. *(er geht zu einem anderen Arbeitstisch, nimmt ein Laken zur Seite)* Los, kommt schon.

*John 1*: Der… riecht.

*Hoppla*: Riecht? – Der stinkt. – So stinken sie, und so sehen sie aus.

*John 1*: Klar.

*Hoppla*: Extravorstellung für euch… der Kamerad war einige Zeit nicht in der Kühlung, damit ihr wißt, was euer Job ist – capito?

*John 1*: Aber das ist was Italienisches.

*Hoppla*: Was?

*John 1*: Capito.

*Hoppla*: Du bist ein schlauer Junge.

*John 1*: Danke, Mister... äh...

*Hoppla*: Also? Was ist euer Job?

*John 2*: So dürfen sie nicht riechen.

*Hoppla*: Richtig! – Wohlgeruch und Schönheit… für die meisten im Tod mehr davon als im Leben – das ist euer Job.

*John 1*: Klar.

*Hoppla*: Gut, ich mach´s kurz. Standardprogramm der Thanatopraxie ist – ich nenne das so – ‚american dream‘. Das kann jeder, das macht jeder. Was ich mache, kann nicht jeder. *(zu John 1)* Wie heiße ich?

*John 1*: Äh…

*John 2*: Maestro.

*Hoppla*: Was heißt das?

*John 2*: Meister.

*Hoppla*: *Meister* der Meister! – Wer von euch anfängt, lernt erst mal das Standardprogramm. Sinn der Sache: Verwesung bei unserem Freund stoppen, wenigstens solange er noch unter uns ist, bis vierzehn Tage etwa. Was wird dabei gemacht?

*John 1*: Keine Ahnung.

*Hoppla*: Alles, was sich im Körper zersetzt, muß raus, danach die Einbalsamierung.

*John 1*: Klar.

*Hoppla*: Hier… über die Halsschlagader wird das Blut abgesaugt.

*John 1*: Womit?

*Hoppla*: Mit einer speziellen Pumpe. Anschließend Formaldehyd… hier über die Drosselvene… rein. Vorher schon und dabei… *(zieht sich Handschuhe an)* wird der Körper bewegt und intensiv massiert *(massiert den Toten)*… um die Totenstarre zu lösen und um zu erreichen, daß die Balsamierungsflüssigkeit überall hingelangt. – Da sind Handschuhe, los, helft mir.

*John 1 (zieht sich Handschuhe an, beginnt dann zu massieren)*

*John 2*: Verzeihen Sie, Maestro, heute vielleicht noch nicht.

*Hoppla*: Gut, du mußt nicht.

*John 2*: Und Formaldehyd – ist das nicht –?

*Hoppla*: *Ist* es! – Amerikanische Friedhöfe sind  eigentlich Sondermülldeponien. Aber da ist ja ein Markt... ein Traummarkt sozusagen, der vor allem die Eigenschaft hat sehr real zu sein, der muß bedient werden, alles andere zählt dann nicht. *(drückt dem Toten auf den Bauch, daß er furzt)*

*John 2 (hält sich die Nase zu, wendet sich ab)*: Pooh... der verfault ja!

*Hoppla*: Ganz richtig, der verfault... von innen her. Darum ist als erstes die Bauchhöhle dran. Die Bauchdecke wird mit diesem Ding... *(zeigt das Instrument)* durchstochen und alle Hohlorgane, der Magen zum Beispiel, werden mit Hilfe einer Pumpe entlüftet und entleert. Wieder Formaldehyd rein, in das Loch im Bauch kommt ein Stopfen. In die anderen Körperöffnungen übrigens auch. Damit aus dem Mund nichts austritt, wird in den Rachen etwas wie... ich sag mal, Montageschaum eingebracht, der aufschwemmt und dann aushärtet. Der Mund selbst muß natürlich auch zu sein. Dafür klebt man die Lippen zusammen... mit einer Art Sekundenkleber, oder es wird genäht. Über die Augäpfel kommen Augenklappen, dünne, angerauhte Kunststoffkappen, da-rüber werden die Lider gezogen. Die halten gut da-rauf, und die Augen wirken nicht eingefallen – klar?

*John 1*: Klar.

*Hoppla*: Waschen, trocknen, rasieren, frisieren, parfümieren, ankleiden, die kosmetische Behandlung, Sarglegung – pro Kunde maximal zwei Stunden… Bummeln geht da nicht – klar?

*John 1*: Klar.

*Hoppla*: Ah, ja – eh ich´s vergesse, bevor Stopfen in die Körperöffnungen kommen, muß da natürlich auch alles abgesaugt werden. John eins, hast du eine Freundin?

*John 1*: Klar.

*Hoppla*: Schön, dann kann ich dir versprechen, wenn du die erste weibliche Leiche abgesaugt hast, wirst du deine Freundin einige Monate lang nicht anfassen. Das mußt du wissen – weißt du das?

*John 1 schluckt und nickt. John 2 läuft zu einem Waschbecken und übergibt sich.*

*Hoppla*: Gut. Der Test ist beendet.

*John 1*: Okay – wann soll ich anfangen?

*Hoppla*: Du?

*John 1*: Klar. Der ist ein Weichei.

*Hoppla*: Ich würde ihn sensibel nennen.

*John 1*: Ist das nicht das gleiche?

*Hoppla*: Nicht ganz. – Siehst du, du würdest vielleicht einen guten Handwerker abgeben. Ich brauche einen, der sensibel ist. Ich will ihn zu einem Künstler ausbilden, der mein Nachfolger werden kann. Ich habe am Anfang nur gekotzt, ich kotze selbst heute noch manchmal. Das ist ein gutes Zeichen – hast du eine Vorstellung, warum?

*John 1:* Keine Ahnung.

*Hoppla:* Dann weiß ich, daß der Künstler in mir noch lebt. Kotzen und Kunst, das gehört zusammen. Wenn einer über bestimmte Dinge nicht kotzen kann wie du, sollte er keinen falschen Ehrgeiz haben. Bewirb dich in einer Schlachterei, du wirst bestimmt ein guter Metzgermeister.

*John 1*: Nee, Kunst, das ist auch nicht mein Ding.

*Hoppla*: Na, dann sind wir uns einig. John zwei, du fängst zu Monatsbeginn an. Sag im Büro Bescheid, wenn du rausgehst.

*John eins und zwei ab. Hoppla deckt die Leiche zu, löst eine Arretierung und schiebt den Arbeitstisch mit der Leiche in einen Nebenraum. Während er weg ist, aus dem Büroraum lauter werdende Stimmen.*

*Daisy (macht die Tür auf)*: Maestro… Maestro! Die Herren lassen sich nicht aufhalten! – Meine Herren, ich muß Sie bitten –! Nicht, bitte –! *(Vittorio und Giusto erscheinen)* Meine Herren, bitte… Kunden ist der Zutritt ins Atelier nicht gestattet! Maestro –!

*Vittorio (schiebt sie zur Seite)*: Mir ist überall Zutritt gestattet.

*Giusto*: Miss, entschuldigen Sie, bitte! Mein Onkel ist aufgewühlt… ganz aufgewühlt. Sein Bruder, verstehen Sie –!

*Daisy*: Maestro, bitte –! Wo sind Sie?

*Hoppla (kommt ins „Atelier" zurück, geht bis zu den drei, betrachtet Vittorio)*: Sie sind Mister Benedetti?

*Vittorio*: Vittorio Benedetti, ja. Kennen wir uns?

*Hoppla*: Die Ähnlichkeit mit Ihrem Bruder ist nicht zu übersehen.

*Vittorio*: Tatsächlich… ich bin einiges älter.

*Hoppla*: Dennoch – Sie können sich denken, ich habe einen Blick für Gesichter, Mister Benedetti. *(zu Daisy)* Danke, ist gut, Miss Daisy.

*Vittorio*: Sagen Sie Don Vittorio zu mir, bitte.

*Hoppla(zeigt auf Daisy)*: Don Vittorio, meine Sekretärin, Miss Daisy… erlauben Sie, Sie haben sie in Verlegenheit gebracht.

*Vittorio*: Verzeihen Sie, das war nicht meine Absicht. Ich hoffe, mein Neffe… *(zeigt auf Giusto)* ja, mein Neffe Giusto… kann das wieder hinbiegen.

*Giusto*: Mit Vergnügen, Onkel Vittorio. *(wendet sich an Daisy)* Wenn ich darf…

*Daisy(betrachtet ihn)*: Sie tragen eine schicke Krawatte, Mister Giusto.

*Giusto*: Danke. Von Billy Reid.

*Daisy*: O… und einen schicken Anzug.

*Giusto*: Danke. Von Robert Geller.

*Daisy*: O… und schicke Schuhe.

*Giusto*: Danke. Von Steven Cox.

*Daisy*: O… und Sie fahren ein schickes Auto, Mister Giusto, habe ich gesehen.

*Giusto*: Danke, Miss Daisy. Ein Lamborghini, zwölf Zylinder, fünfhundertsechzig PS.

*Daisy*: O –! Hat er auch einen Fuchsschwanz?

*Giusto*: Wer?

*Daisy*: Der Lamborghini.

*Giusto*: Einen Fuchsschwanz?

*Daisy*: Sagt man nicht, je mehr PS und je größer der Fuchsschwanz, desto kleiner…

*Giusto*: Ich habe keinen Fuchsschwanz!

*Daisy*: Das freut mich für Sie.

*Hoppla (geht um Giusto herum, betrachtet ihn)*: Mister Giusto, Sie haben mich gerade zu etwas angeregt.

*Giusto*: Ja?

*Hoppla*: Mode! – Daß ich nicht von alleine darauf gekommen bin! – *Mode*!

*Giusto*: Mode, nicht wahr!

*Hoppla*: Ich werde in Zukunft unsere lieben Verstorbenen stets nach der neuesten Mode ankleiden. Wenn jemand den Löffel abgegeben hat, was heißt das schon!

*Vittorio*: Den Löffel?

*Hoppla*: Den Löffel? – Äh, den Scheffel… niemand muß sein Licht unter den Scheffel stellen, nicht wahr?

*Giusto*: Natürlich nicht.

*Hoppla*: Dazugehören –! Dabeisein, vorweggehen… progressiv vorweg! – Wie gibt man dem am besten Ausdruck? – *Mode* –!

*Giusto*: Mode, genau!

*Hoppla*: Ich danke Ihnen für die lebendige Anschauung, Mister Giusto.

*Giusto*: Mit dem größten Vergnügen! Wenn Sie hier und da etwas stilgerechte Beratung brauchen, ich stehe zur Verfügung. Ihnen selbstverständlich auch, Miss Daisy! Ich würde Sie zu gern einmal schick ausfahren.

*Daisy*: Ich habe zu tun, Mister Giusto, verzeihen Sie.

*Giusto*: Störe ich, wenn ich mit hinauskomme?

*Beide ab ins Büro.*

*Vittorio*: Entschuldigen Sie nochmals das spontane Eindringen. Ich komme mit meinem Neffen gerade aus dem Aufbahrungsraum – Maestro, ich bin ergriffen. *(schluchzt)* Sie haben mich zu Tränen gerührt. Mein Bruder… mein Carlito – nein, so habe ich ihn noch nie gesehen… *(schneuzt sich)*

*Hoppla*: Danke, Don Vittorio. Verbindlichsten Dank… Sie haben ein empfindsames Herz.

*Vittorio*: Und Sie sind ein großer Künstler, Maestro – ein Genie!

*Hoppla verbeugt sich.*

*Vittorio*: In seinem ganzen Leben habe ich ihn so nicht gesehen… so ganz erfüllt von innerem

Frieden… als wäre er ein anderer Mensch. Oder habe ich ihn falsch gesehen?

*Hoppla*: Ihre Schwägerin hatte den Wunsch.

*Vittorio*: Diesen Ausdruck? Einen solchen Ausdruck wollte sie?

*Hoppla*: Explizit nicht, aber…

*Vittorio (schluchzt wieder)*: Ich habe ihn verkannt… ich habe ihm Unrecht getan.

*Hoppla*: Unser aller Schicksal ist in Gottes Hand, Don Vittorio.

*Vittorio*: Nicht nur, Hoppla, nicht nur… aber was wollten Sie sagen?

*Hoppla*: Explizit hat sie diesen Ausdruck nicht gewünscht… äh, es verhält sich so: unsere Kunden haben die Wahl zwischen verschiedenen Optionen. Die meisten begnügen sich mit dem Standardprogramm, vor allem aus Kostengründen natürlich – eine Pietätlosigkeit in meinen Augen. Wer nicht so darauf schauen muß…

*Vittorio*: Sie mußte das nicht, natürlich nicht. Ich habe ihr alle Unterstützung angeboten… er ist mein kleiner Bruder!

*Hoppla*: Ja, ungleich mehr, wem – wie soll ich sagen? – wem das Spirituelle noch Bedeutung hat… die sichtbare Verbindung zu Gott, unserem Schöpfer gleichsam… dem Herrn über Leben und Tod…

*Vittorio*: Das hat sehr viel Bedeutung für uns!

*Hoppla*: Dem können wir natürlich Rechnung tragen – wie Sie an Ihrem Bruder gesehen haben.

*Vittorio*: Ergreifend!

*Hoppla verbeugt sich erneut.*

*Vittorio*: Und wie genau sieht das aus?

*Hoppla*: Über dem Standardprogramm gibt es drei Stufen gesteigerter Spiritualität, die vom mehr oder weniger glücklichen Zustand der entwichenen Seele Zeugnis ablegen. Die erste Stufe heißt Seelenfrieden.

*Vittorio*: Ach, Carlito –!

*Hoppla*: Seelenfrieden, ja. – Die dritte Stufe, die offensichtlich dank Ihnen Ihrem Bruder angediehen werden konnte, schließt den mit ein. Die zweite Stufe natürlich ebenfalls. Die heißt: erhabene Betrachtung.

*Vittorio*: Erhabene Betrachtung – wessen?

*Hoppla*: Was immer Sie wollen... oder Sie sich vorstellen, daß der Verstorbene es will.

*Vittorio*: Ach, Gott – Nußknackerwei –!

*Hoppla*: Wie?

*Vittorio*: Äh, Wei... Wei... ja?

*Hoppla*: Wei –?

*Vittorio*: Weihnachten!

*Hoppla*: Weihnachten –?

*Vittorio*: Äh, zu Weihnachten... Nüsse –!

*Hoppla*: Ich verstehe nicht.

*Vittorio*: Nußknacker!

*Kleine Pause.*

*Vittorio*: Nußknacker, verstehen Sie nicht? Weihnachten... Nußknacker...

*Hoppla*: Weihnachten... Nußknacker – aha...

*Vittorio*: Nußknacker, er sammelte Nußknacker... alle Sorten... richtig knackige Knacker.

*Hoppla*: Ein seltenes Hobby.

*Vittorio*: So selten nicht. Schauen Sie sich mal um.

*Hoppla*: Nußknacker. – Sie meinen, er hat jetzt Nußknacker –? – Nun, warum nicht? Wenn es ihn glücklich gemacht hat.

*Vittorio*: Das gerade nicht. Er war nicht immer glücklich damit. Zum Schluß gar nicht mehr, glaube ich. – Ja, und weiter, bitte.

*Hoppla*: Die dritte Stufe ist die Seligkeit unmittelbarer Zwiesprache mit Gott.

*Vittorio*: Wie?

*Hoppla:* Die Seligkeit unmittelbarer Zwiesprache mit Gott.

*Vittorio:* Seligkeit unmittelbarer Zwiesprache mit Gott?

*Hoppla*: Das ist der Ausdruck, den sich Ihre Schwägerin gewünscht hat.

*Pause*

*Vittorio(entschieden)*: Das geht nicht! Das geht ganz und gar nicht!

*Hoppla*: Nicht?

*Vittorio*: Das ist Betrug!

*Hoppla*: Ich verstehe nicht.

*Vittorio*: Das können Sie nicht verstehen, aber das geht nicht.

*Hoppla*: Warum nicht?

*Vittorio*: Er war ein Windhund... äh, ich meine, er hatte mit Windhunden zu tun, verstehen Sie?

*Hoppla*: Nein. – Er hatte mit Windhunden zu tun?

*Vittorio*: Nein. Nicht direkt – er war...

*Hoppla*: Ja?

*Vittorio*: Hören Sie – wie heißen Sie eigentlich richtig? Hoppla, ja?

*Hoppla*: Ja, Hoppla, der Maestro.

*Vittorio*: Mister Hoppla – sind Sie überhaupt Christ... römischer Christ?

*Hoppla*: Christ... römischer Christ – was spielt das für eine Rolle! Ich arbeite sozusagen multikonfessionell und multiethnisch. Ich schaue nicht darauf, wo einer herkommt. Ich habe im Blick, wo er hingeht... vor wen er tritt. – Sind wir nicht alle Kinder des einen Gottes?

*Vittorio*: Sie weichen mir aus, Hoppla. Wir sind gläubige Katholiken... nun ja, wir empfangen die Sakramente. Ich müßte zumindest nachfragen, ob die Römische Kirche für einen ihrer Gläubigen einen Bestatter fremder Konfession erlaubt. Ich hoffe, Sie nehmen das nicht persönlich. Es geht um das Spirituelle, ausschließlich darum.

*Hoppla*: Natürlich! Es geht um das Spirituelle! Wir verstehen einander.

*Vittorio*: Also?

*Hoppla*: Künstler bedürfen einer möglichst umfassenden Bildung sowie einer geistigen *und* geistlichen Ungebundenheit.

*Vittorio*: Sie weichen noch immer aus!

*Hoppla*: Sie müssen sich wirklich keine Gedanken machen, Don Vittorio. Ich habe sogar die Priesterweihen. Und drüben in Jersey habe ich meine eigene kleine Gemeinde, eine Baptistengemeinde.

*Vittorio*: Und die Priesterweihen haben Sie auch?

*Hoppla*: In Rom selbst bin ich geweiht worden. Wie viele andere vor ihr hat Ihre Schwägerin mir darum das Vertrauen erweisen können, die Trauerfeierlichkeit persönlich abzuhalten... hier in meinen Räumlichkeiten mit anschließender Einäscherung des lieben Verstorbenen.

*Vittorio*: In Ihren Räumlichkeiten?

*Hoppla*: Ja, bescheiden alles, aber dafür sozusagen aus einer Hand... mit kurzen Wegen. Eine Einäscherungsanlage ist nämlich ebenfalls im Haus.

*Vittorio*: So... so... das hört sich gut an. Kurze Wege, keine Öffentlichkeit... ich liebe das Bescheidene.

*Hoppla*: Schön, dann wäre ja alles...

*Vittorio*: Nein, eben nicht! So kann er nicht vor seinen Schöpfer treten! So nicht!

*Hoppla*: Wie dann?

*Vittorio*: Von mir aus mit dem Standardprogramm.

*Hoppla*: Wie soll ich das machen? – Ich habe einen Vertrag unterschrieben. Ihre Schwägerin hat den Verstorbenen bereits gesehen. Spätestens bei der Trauerfeier würde sie die Täuschung bemerken und mich zur Rede stellen. Was dann?

*Vittorio*: Was dann…

*Hoppla*: Ihrer Schwägerin war es sehr wichtig, den lieben Mann mit diesem Ausdruck vor Gott treten zu lassen, sehr wichtig. Sie wird sich nicht umstimmen lassen, es wird ihr das Herz brechen. – Oder reden Sie mit ihr.

*Vittorio*: Ich? – *(weint)* O, nein, die arme Mary… wenn das ihr letzter Trost ist – ihr letzter Wille… wie könnte ich es ihr ausreden wollen?

*Hoppla*: Soll ich es auf einen Schadenersatzprozeß ankommen lassen? – Wir sind in Amerika, Don Vittorio! Das kann Millionen kosten! Wollen Sie die übernehmen?

*Vittorio*: Was! Noch mehr Millionen! – Äh, das wäre nicht das Problem – keine Öffentlichkeit, verstehen Sie. Öffentlichkeit kann ich brauchen wie Windhunde.

*Hoppla*: Wie? – Ich verstehe… keine Öffentlichkeit.

*Vittorio*: Maestro, ich will offen reden – er wurde…
erwischt.

*Hoppla*: Erwischt? Wobei?

*Vittorio*: Erwischt halt… verstehen Sie?

*Hoppla*: Nein.

*Vittorio*: Na, bei seinem Hobby sozusagen.

*Hoppla*: Die Nußknacker!

*Vittorio*: Ein weiblicher Nußknacker genau genommen. In flagranti – er ist sozusagen in einem Nußknacker… von einem Nußknacker… in flagranti, ja?

*Hoppla*: Delikat, in der Tat, sehr delikat. Kennt seine
Frau die näheren –?

*Vittorio*: Nein. Und kein Wort zu ihr, zu niemandem!

*Hoppla*: Natürlich nicht.

*Vittorio*: Er war ein Windhund. Wollen Sie einem
Windhund die Seligkeit unmittelbarer Zwiesprache
mit Gott gewähren?

*Hoppla*: Sollten wir einander nicht vergeben können?

*Vittorio*: Nein! Er hat mich schändlich… äh, er hat
seine Frau betrogen! Seinen Kindern den Vater genommen… und eigentlich war er ein guter Vater, das
muß ich sagen. Und auch wieder nicht! Sonst hätte er
der Versuchung widerstanden.

*Hoppla*: Sehr delikat – ich weiß nicht, was ich machen soll.

*Vittorio*: Ich auch nicht. Aber so tritt er nicht vor
Gott! *(er überlegt und ruft dann)* Giusto!

*Giusto (kommt herein)*: Ja, Onkel?

*Vittorio*: Mach die Tür zu. Maestro, erlauben Sie. *(er geht zu Giusto, bespricht sich leise mit ihm)* Danke, mein Junge. *(zu Hoppla)* Er ist ein heller Junge, er hat eine Idee.

*Hoppla*: Ja?

*Giusto*: Sie kriegen Ersatz… einen Ersatzmann.

*Hoppla*: Einen Ersatzmann? Woher?

*Vittorio*: Wir besorgen einen. Sie machen ihn wie meinen Bruder zurecht und präsentieren ihn bei der Trauerfeier den Gästen.

*Hoppla*: Da muß aber eine gewisse Ähnlichkeit bestehen.

*Giusto*: Wir achten darauf.

*Vittorio*: Den Rest kriegen Sie hin. Sie sind ein Genie.

*Hoppla*: Und Ihr Bruder?

*Vittorio*: Den schicken Sie ganz ohne Programm auf die letzte Reise. Er soll so vor Gott treten, wie er wirklich war. *(zu Giusto)* Danke, mein Junge. Wenn du möchtest…

*Giusto*: Gern, ja. *(ab ins Büro)*

*Hoppla*: Wie? Wie auf die Reise?

*Vittorio*: In einen Sarg passen doch ausnahmsweise einmal zwei Personen, oder?

*Hoppla*: Das muß ich mir überlegen, Don Vittorio. Die Vorschriften…

*Vittorio*: Hoppla, für Sie gibt es nichts mehr zu überlegen. Sie stecken schon zu tief mit drin. Oder wollen *Sie* Ihre letzte Reise antreten? – Sie wissen, wer ich bin, oder?

*Hoppla*: Natürlich. Don Vittorio.

*Vittorio*: Und wer ist Don Vittorio?

*Hoppla*: Ein ehrenwerter und allseits geachteter Geschäftsmann.

*Vittorio*: Ich sehe, wir verstehen uns.

*Giusto (kommt herein)*. Tante Mary!

*Vittorio*: Wo?

*Giusto*: Sie steigt gerade aus dem Auto.

*Vittorio*: Komm rein! Die muß uns jetzt hier nicht sehen. *(schaut umher, zu Hoppla)* Gibt es einen Nebenausgang?

*Hoppla*: Nein.

*Vittorio*: Dann warten wir hier so lange. *(zu Hoppla)* Sind wir uns einig?

*Hoppla*: Ja.

*Vittorio*: Ihr Aufwand wird natürlich entsprechend vergütet... ohne Rechnung, versteht sich. *(lacht)*

*Hoppla*: Ohne Rechnung.

*Daisy (kommt herein, schließt die Tür)*: Maestro, Missis Benedetti... sie möchte Sie unter vier Augen sprechen. Ich bleibe so lange hier, ja?

*Hoppla geht ins Büro.*

*Giusto*: Onkel Vittorio, Miss Daisy möchte nicht mit mir ausgehen. Willst du ihr nicht sagen, was für ein lieber und netter Junge ich bin?

*Vittorio*: Sieht sie das nicht?

*Giusto*: Offenbar nicht.

*Vittorio*: Miss Daisy, verzeihen Sie, würde es Ihnen etwas ausmachen, meinen Neffen und mich auf einen Augenblick allein zu lassen? *(er zeigt auf den Gang zum Nebenraum)* Können Sie dort vielleicht –?

*Daisy*: Natürlich, Mister Benedetti.

*Vittorio*: Sagen Sie Don Vittorio zu mir, bitte.

*Daisy*: Gern, Don Vittorio.

*Sie geht in den Nebenraum. Giusto schaut, ob sie weg ist, geht zurück, nickt Vittorio zu. Daisy öffnet die Tür des Nebenraums, tritt etwas in den Gang.*

*Vittorio*: Wenn das hier vorbei ist, erledigt ihr ihn.

*Giusto*: Warum?

*Vittorio*: Er ist ein Scharlatan! Verkauft sein Genie an jeden, der ihn bezahlt… wie eine Hure.

*Giusto*: Und dann gleich –? Ist das nicht –?

*Vittorio*: Er treibt Schindluder mit Gott! Läßt Unwürdige den Anschein erwecken, als stünden sie in seliger Zwiesprache mit ihm – Unwürdige, verstehst du!

*Giusto*: Sicher, Unwürdige. Aber gleich…

*Vittorio*: Du kennst mich. Ich habe meine Prinzipien. Wenn man sich den Luxus leistet, welche zu haben, muß man sie auch leben. Du brauchst noch keine, aber denk an meine Worte, wenn's so weit ist.

*Giusto (lacht)*: Na, so bald nicht. Aber wird erledigt, sicher.

*Vittorio*: Keine lauten Geräusche, ja?

*Giusto*: Keine lauten Geräusche. – Die Kleine hoffentlich nicht, oder?

*Vittorio*: Nein, warum? – *Er* weiß auch zu viel, er muß weg. Bei ihr wärst du nicht einverstanden, stimmt's?

*Giusto*: Sie gefällt mir.

*Vittorio*: Schön, dann amüsier dich.

*Giusto*: Ich glaube, da könnte mehr draus werden.

*Vittorio*: Das freut mich, Junge. Du bist in einem Alter, wo du allmählich wissen solltest, wo es hingeht.

*Giusto*: Ich sehe das auch so, Onkel Vittorio.

*Vittorio*: Freut mich… freut mich wirklich, Junge.

*Hoppla (kommt herein)*: Ihre Schwägerin ist fort.

*Giusto*: Hat sie mein Auto gesehen? – Ah, nein, das kennt sie noch gar nicht.

*Vittorio*: Was wollte sie?

*Hoppla*: Eine Kleinigkeit... wegen – wegen des Blumenarrangements.

*Vittorio*: Da kommt sie persönlich zu Ihnen?

*Hoppla*: Was soll ich sagen?

*Vittorio*: Also – alles wie besprochen. Sie kriegen die Ersatzlieferung… bald, möglichst bald.

*Hoppla*: Und woher?

*Vittorio*: Wollen Sie das wirklich wissen?

*Giusto*: Es liegen immer mal wieder irgendwo Menschen herum. Soll man sie liegen lassen? Viele tun das, manche nicht. Wir gehören zu den manchen. Sie kriegen Ihren Mann.

*Hoppla*: Ich bringe Sie hinaus.

*Alle ab.*

*Hoppla (kommt zurück, sieht sich um)*: Daisy… Daisy, wo bist du?

*Daisy (kommt aus dem Gang, schleppt sich zu einem Stuhl)*: Ich muß mich setzen.

*Hoppla*: Was ist los?

*Daisy*: Maestro –!

*Hoppla*: Was hast du?

*Daisy*: Der will Sie umbringen lassen!

*Hoppla*: Wer?

*Daisy*: Der Alte.

## Drittes Bild

*Einige Tage später. Hopplas Büro. Hoppla und Daisy.*

*Hoppla*: Die Nummer hast du?

*Daisy*: Ja.

*Hoppla*: Gut, dann ruf ihn jetzt an. Alles so, wie wir es besprochen haben... seif ihn richtig ein. Und stell den Ton laut, damit ich mithören kann.

*Daisy (wählt)*: Guten Tag, Mister Giusto... hier ist Miss Daisy.

*Giusto (Stimme aus Verstärkeranlage)*: Schön, Sie zu hören, Miss Daisy. Wollen Sie mir sagen, daß Sie heute abend Zeit für mich haben?

*Daisy*: Mister Giusto, ich bin im Dienst. Private Dinge stelle ich da grundsätzlich hintan.

*Giusto*: Sie imponieren mir, Miss Daisy.

*Daisy*: Das ist selbstverständlich.

*Giusto*: Was?

*Daisy*: Daß man Dienst und Privates voneinander trennt. Und um es gleich zu sagen, Sie bedeuten für mich Dienst. Dienst in einem Dienstleistungsgewerbe, mit aller erdenklichen Aufmerksamkeit für den Kunden – den *Kunden*, ja?

*Giusto*: Miss Daisy, Sie machen mich... ich weiß nicht, was ich sagen soll.

*Daisy*: Am besten nichts. Mit Ihnen wollte ich auch gar nicht sprechen.

*Giusto*: Nicht? Und warum rufen Sie mich an?

*Daisy*: Ich habe nur Ihre Nummer. Und möchte Sie bitten, mich mit Don Vittorio zu verbinden.

*Giusto*: Mit Don Vittorio? Das wird nicht gehen.

*Daisy*: Dann geben Sie mir bitte seine Nummer.

*Giusto (lacht)*: Don Vittorios Nummer? Wie stellen Sie sich das vor! Sie rufen bei Don Vittorio an und plaudern mit ihm! Das geht nicht.

*Daisy*: Warum nicht?

*Giusto*: Er plaudert nicht gern.

*Daisy*: Ich will auch nicht mit ihm plaudern. Der Maestro muß mit ihm sprechen.

*Giusto*: Was gibt′s denn?

*Daisy*: Probleme.

*Giusto*: Welcher Art?

*Daisy*: Das weiß ich nicht. Der Maestro sprach von Problemen... schwerwiegenden Problemen. Ich mache hier nur den Bürokram, mehr weiß ich nicht. Und da gibt′s übrigens auch ein Problem. Wir haben eine Lieferung bekommen, leider fehlen die Begleitpapiere. Für die Lieferung waren Sie doch zuständig, nicht?

*Giusto*: Was für Papiere?

*Daisy*: Die bei einer solchen Lieferung dazugehören... wenigstens irgendwelche Personaldokumente.

*Giusto*: Davon weiß ich nichts. Das haben Don Vittorio und Ihr Chef besprochen. Ich sollte liefern, von Dokumenten weiß ich nichts. Aber nun hören Sie doch bitte mit solchen Sachen auf, ich würde gerne...
*Daisy*: Und der Maestro würde gerne Don Vittorio sprechen... dringend, wie er sagt. Und zwar hier... unter vier Augen möglichst... und er soll etwas persönlich in Augenschein nehmen.
*Giusto*: Was?
*Daisy*: Ich weiß nicht, was. Sein Urteil entscheidet dann.
*Giusto*: Worüber?
*Daisy*: Sein Urteil entscheidet. Stellen Sie also bitte das Gespräch zu ihm durch, oder geben Sie mir seine Nummer. Bitte, Mister Giusto.
*Giusto*: Tut mir leid, Sie können nicht mit ihm telefonieren. Er ist unterwegs. Er hat nicht gesagt, wohin. Vielleicht haben Sie Glück, und er ist auf dem Weg zu Ihnen.
*Hoppla (gestikuliert; Daisy deckt die Sprechmuschel ab)*: Allein? Frag ihn, ob er allein kommt. Wenn nicht, bin ich nicht da!
*Daisy*: Ist er allein? Wie gesagt... unter vier Augen! Irgendetwas Vertrauliches... sehr Vertrauliches, das der Maestro ihm zu sagen hat.
*Giusto*: Vertraulich?
*Daisy*: Allein!

*Giusto*: Äh, allein… ich glaube. Einen Moment, ich frage. – Ja, er ist allein unterwegs, inkognito sozusagen… als Privatmann… er fährt dann sogar mit der U-Bahn. Einen Moment… ja, sein Auto ist hier, seine Leute sind hier… er ist mit der U-Bahn unterwegs. Miss Daisy, tut mir wirklich leid, mehr kann ich nicht sagen. Sowie er zurück ist, gebe ich ihm Bescheid, und wir melden uns bei Ihnen. Und heute abend…

*Daisy*: Mister Giusto, ich sagte Ihnen bereits, ich bin im Dienst… bis siebzehn Uhr. Wenn Sie eine Minute nach fünf anrufen, und ich sollte zufällig noch hier sein…

*Giusto*: O, Miss Daisy, Sie machen mich glücklich!

*Daisy*: Ich habe nicht gesagt, daß ich noch da bin. Meistens mache ich sehr pünktlich Feierabend.

*Giusto*: Ich danke Ihnen dennoch!

*Daisy*: Auf Wiederhören, Mister Giusto.

*Giusto*: Bis siebzehn Uhr eins, Miss Daisy!

*Daisy legt auf. Sie und Hoppla lachen.*

*Hoppla*: Vielleicht kommt er also! Und keiner weiß, wo er hin ist!

*Daisy*: Wenn nicht?

*Hoppla*: Muß ich ihn morgen irgendwie herlotsen.

*Daisy*: Dann wissen seine Leute, wo er ist.

*Hoppla*: Sollen sie es wissen! Konspirativ muß ich es ihm verkaufen, sehr konspirativ… darauf kommt es an.

*Daisy*: O, Maestro –!

*Hoppla*: Ja, ja, mach dir keinen Kopf. Hoppla ist Hoppla, obwohl… diesmal ist es eng, fürchte ich.

*Daisy*: O, Maestro, verdammt eng!

*Hoppla*: Egal, ruhig Blut! Wenn er wirklich kommt, alles wie besprochen, klar?

*Daisy*: Klar.

*Hoppla (grinst)*: Mit dem Jungen, das machst du richtig gut.

*Daisy*: Ja?

*Hoppla*: Genau so braucht er das. Wenn dir was an ihm liegt, dann gebe ich dir den Tip, halt die Beine zusammen.

*Daisy*: Ich bin mit nichts anderem beschäftigt.

*Hoppla*: Das will ich nicht hoffen.

*Daisy*: Warum? Ich bin ein anständiges Mädchen, was denken Sie!

*Hoppla*: Das will ich auch nicht hoffen. *(er lacht)* Doch, doch, du bist ein anständiges Mädchen, ein verdammt anständiges.

*Daisy*: Und das andere?

*Hoppla*: Was?

*Daisy*: Warum soll ich nicht dauernd damit beschäftigt sein, die Beine zusammen zu halten?

*Hoppla*: Wofür bezahle ich dich dann?

*Daisy*: Wie?

*Hoppla*: Wenn du nichts anderes tust, als die Beine zusammen zu halten.

*Daisy*: Ach so – ab und zu tue ich noch was anderes, ja.

*Hoppla*: Jetzt im Ernst, diese Sizilianer, die schieben dir ganz nebenbei ein Messer zwischen die Rippen und lassen sich weiter maniküren, aber wenn es um ihre Ehre geht oder was sie dafür halten, hört der Spaß für sie auf. Also – wenn du dich hinlegst, bist du ein Flittchen... und Flittchen hat der schon genug gehabt, glaub mir. Aber wenn du seiner Familie vorgestellt werden willst, halt die Beine zusammen... bis zur Hochzeit – dann gibt's auch eine Hochzeit, falls du das willst. Du mußt es wissen.

*Daisy*: Abwarten. Ich halt die Beine erst mal zusammen. *(sieht nach draußen)* Maestro! Er kommt! Er kommt tatsächlich!

*Hoppla*: Allein?

*Daisy*: Ja.

*Hoppla*: Los, raus dann! Schnell raus! Du weißt Bescheid!

*Daisy*: Ja.

*Hoppla*: Die Flasche –?

*Daisy*: Im Kühlschrank... da!

*Hoppla*: Gut.

*Daisy*: Sie rufen mich dann!

*Hoppla*: Äußerlich ist nichts zu sehen?

*Daisy*: Gar nichts.

*Hoppla*: Sehr gut. – *(nickt)* Im Kühlschrank, gut.

*Daisy ab.*

*Vittorio (kommt herein)*: Buon giorno, Maestro.

*Hoppla*: Buon giorno, Don Vittorio! Welche Überraschung! Sie hatte ich nicht erwartet.

*Vittorio*: Nicht? – Nein, natürlich nicht.

*Hoppla*: Hat Ihr Neffe Sie angerufen?

*Vittorio*: Wie soll er mich anrufen? Denken Sie, ich besitze ein Handy? Ich –? Ich bin die meiste Zeit meines Lebens ohne so was ausgekommen… jetzt plötzlich nicht mehr?

*Hoppla*: Natürlich nicht, Sie besitzen kein Handy – großartig!

*Vittorio*: Wie?

*Hoppla*: Äh… das ist mir sympathisch… ein sympathischer Zug. Ich besitze nämlich auch keins.

*Vittorio*: Ich war ohnehin auf dem Weg.

*Hoppla*: Wie schön!

*Vittorio*: Ich fahre manchmal U-Bahn. Nur zum Vergnügen… alte Erinnerungen… Jugenderinnerungen, als man noch schwarz fuhr… sich nicht erwischen lassen… einfache Freuden, aber Freuden!

*Hoppla*: Freuden, ja.

*Vittorio*: Ja, und dann sah ich zufällig Ihre Station und bin ausgestiegen.

*Hoppla*: Bestens, Don Vittorio, allerbestens!

*Vittorio*: Ja?

*Hoppla*: Fantastico!

*Vittorio*: Was begeistert Sie so daran?

*Hoppla*: Alles, Don Vittorio, alles!

*Vittorio (schüttelt den Kopf)*: Mein Bruder ist noch unverändert?

*Hoppla*: Ja.

*Vittorio*: Schön, schön. Es hat mir nämlich keine Ruhe gelassen, wissen Sie.

*Hoppla*: Was?

*Vittorio*: Ihn in seiner nackten Erbärmlichkeit vor Gott treten zu lassen. Er ist mein Bruder! Mein kleiner Carlito!

*Hoppla*: Gewiß.

*Vittorio*: Wie kann ich ihm verwehren wollen, was jedem als Recht zusteht – adrett und gut zurechtgemacht vor seinem Schöpfer zu erscheinen... so wie es sich gehört. Bei meinen Leuten lege ich auch äußersten Wert auf ein korrektes Erscheinungsbild – und wer bin ich schon gegen Gott! *(überlegt etwas)* Doch, doch, ich bleibe bescheiden, ich bin nicht Gott. *(überlegt wieder)* Vor Gott darf man nicht in seiner bloßen Menschlichkeit erscheinen. Man muß ihm höchsten Respekt erweisen durch ein Höchstmaß an Schönheit, die seinem Auge wohlgefällt.

*Hoppla*: Schönheit vor Gott! Ein wunderbarer Gedanke, Don Vittorio! Ich werde versuchen, ihn in meine nächste Predigt einzubauen.

*Vittorio*: Gott schaut natürlich in die Herzen der Menschen, er als einziger hat die Gabe dazu. Er wird erkennen, wer die Guten und wer die Bösen sind, und wird sie nach ihrem Wert richten. Und nur er allein soll richten! Ich, Don Vittorio, will ihm nicht vorgreifen. Ich bin… ich habe einen gewissen Einfluß, aber ich bin nicht Gott, oder? Bin ich Gott? Manchmal komme ich mir so vor… wie der Herr über Leben und Tod, verstehen Sie – nein, aber darum bin ich nicht Gott. Ich darf mir nichts vormachen.

*Hoppla*: Wie der Herr über –?

*Vittorio*: Manchmal, ja… aber das hier ist etwas anderes. Lassen Sie ihn also, wie er ist. Gott wird es ihm nicht als Anmaßung ankreiden.

*Hoppla*: Don Vittorio! Sie sind zu gütig!

*Vittorio*: Ja?

*Hoppla*: Und heißt das –?

*Vittorio*: Ja?

*Hoppla*: Ich meine, äh... in bezug... auf mich, heißt das –?

*Vittorio*: Ja? Was heißt es?

*Hoppla*: Wenn Sie sich so vorkommen… als der Don, meine ich…

*Vittorio*: Ich komme mir nicht nur so vor, ich *bin* der Don!

*Hoppla*: Natürlich, Sie sind gleichsam der Herr über…

*Vittorio*: Gleichsam? – *Ich* bin der Don!

*Hoppla*: Ich meine, äh… Sie wissen, was ich meine, heißt das –?

*Vittorio*: Wenn Sie meinen, was ich meine, heißt es das nicht.

*Hoppla*: Nicht?

*Vittorio*: Nein.

*Hoppla*: Ich soll also weiterhin –?

*Vittorio*: Natürlich, mein Bester! Sie sollen weiterhin!

*Kleine Pause.*

*Vittorio*: Und Sie erhalten Ihre volle Vergütung, was sonst! Sie reden doch von Ihrer Vergütung, oder?

*Hoppla*: Nein, äh… ja, die Vergütung, ja, ja… die Vergütung. Obwohl ich ja genau genommen keine Leistung dafür erbracht habe.

*Vittorio*: Nicht?

*Hoppla*: Nein, nicht. Deswegen sagte ich ja gleich zu Anfang, es trifft sich sehr gut, daß Sie vorbeischauen.

*Vittorio*: Inwiefern?

*Hoppla*: Sie haben dankenswerterweise meine Kunst erkannt und gerühmt, aber ich muß gestehen, in diesem Fall hat sie nicht hingereicht.

*Vittorio*: Wovon reden Sie?

*Hoppla*: Von dem Ersatz... dem Ersatzmann, der mir geliefert wurde.

*Vittorio*: Und?

*Hoppla*: Ich habe mein ganzes Können darangesetzt, es war nichts zu machen.

*Vittorio*: Was war nicht zu machen?

*Hoppla*: Ihn so hinzukriegen, daß man ihn von Ihrem Bruder nicht unterscheiden kann.

*Vittorio*: Warum nicht?

*Hoppla*: Eine gewisse Grundähnlichkeit, wenigstens dem Typus nach, muß da sein. Bei dem stimmte gar nichts. Außerdem sah er etwas... mitgenommen aus.

*Vittorio*: Mitgenommen?

*Hoppla*: Etwas... derangiert.

*Vittorio*: Mein Klagen seit langem... viele leben zu ausschweifend heutzutage... ruinieren sich regelrecht!

*Hoppla*: Das wird es sein.

*Vittorio*: Das hat sich doch erledigt, Maestro! Grämen Sie sich nicht. Lassen Sie ihn einfach verschwinden in Ihrem Ofen. Oder sollen wir ihn wieder abholen? Was ist Ihnen lieber?

*Hoppla*: Diese Art Transporte ohne Papiere hat immer ein gewisses Risiko. Gegen entsprechende Vergütung würde ich ihn einäschern und natürlich einen letzten Segen sprechen... alles wieder ohne Rechnung natürlich. Ich glaube, das ist die eleganteste Lösung.

*Vittorio*: Ich sehe das auch so.

*Pause*

*Hoppla*: Äh... und ich –?

*Vittorio*: Ja?

*Hoppla*: In bezug auf mich –?

*Vittorio*: Drückt Sie etwa Ihr Gewissen? Weil das Ganze ohne Rechnung läuft?

*Hoppla*: Nein, äh... ja – ich nehme es mit meiner Steuerpflicht sehr genau.

*Vittorio*: Ich auch, glauben Sie mir, ich auch. Hier und da eine Ausnahme... so wie in diesem Fall.

*Hoppla*: Alles andere –?

*Vittorio*: Ja?

*Hoppla*: Alles andere... bleibt wie geplant?

*Vittorio*: Ja.

*Hoppla*: Dann tut es mir leid – nein, wunderbar... natürlich wunderbar! *(er geht zum Kühlschrank, holt eine Flasche heraus)* Ich schlage vor, lassen Sie uns auf unser gutes Einvernehmen mit einem Gläschen Champagner anstoßen! – *(schaut sich um)* Gläser...

ja, wo sind Gläser? – Einen Moment, ich rufe meine Sekretärin.

*Vittorio*: Maestro, bedaure! Sie haben gewiß schon bemerkt, ich habe Grundsätze. Einer davon lautet: kein Alkohol vor dreiundzwanzig Uhr – und auch dann nur ein Schlummertrunk. Kein Nikotin, keine Frauen außerhalb der Ehe... und wie gesagt, mäßig, sehr mäßig Alkohol. Bedaure, mein Bester!

*Hoppla*: Ja, hm... bis dreiundzwanzig Uhr ist es noch hin. So lange können wir nicht warten, oder? Und die Zeit drängt, die Zeit drängt!

*Vittorio*: Sind Sie in Eile?

*Hoppla*: Ich meine... dreiundzwanzig Uhr... so lange – ja, dann nicht, bedaure, bedaure... *(stellt die Flasche auf den Kühlschrank)*

*Vittorio*: Was haben Sie?

*Hoppla*: Alles so wie geplant, ja?

*Vittorio*: Wie geplant.

*Hoppla*: Ja, dann – vielleicht... mir fällt ein... vielleicht müssen Sie umplanen.

*Vittorio*: Umplanen?

*Hoppla*: Gewissermaßen... neue Fakten – eventuell.

*Vittorio*: Von was reden Sie? Ist Ihnen nicht gut?

*Hoppla*: Nein... doch... bald. – Ihre Schwägerin neulich... als Sie hier waren... Sie erinnern sich...

*Vittorio*: Ja, die arme Mary kam.

*Hoppla*: Sie kam, ja – und was Ihre Planungen betrifft, ich glaube, ich bin verpflichtet, Ihnen das sagen zu müssen…

*Vittorio*: Was sagen?

*Hoppla*: Nun, ja… äh, sie gab mir einen Umschlag – einen größeren Umschlag…

*Vittorio*: Was für einen Umschlag?

*Hoppla*: Ich weiß nicht. Sie kam mir etwas wirr vor. Ich habe nicht alles verstanden.

*Vittorio*: Was sagte sie?

*Hoppla*: Sie wisse, daß Sie von Ihrem Bruder betrogen worden sind.

*Vittorio*: Was! Mein Bruder! Mein kleiner Carlito! Mich betrügen! – Dazu ist er viel zu dämlich!

*Hoppla*: Ich sage nur, was sie gesagt hat. Und sie glaube, daß Sie das auch wissen und daß Sie darum vielleicht…

*Vittorio*: Was!?

*Hoppla*: Darum vielleicht – nun, daß er vielleicht nicht eines natürlichen Todes gestorben ist.

*Vittorio*: Ist die übergeschnappt! Was untersteht die sich! – Mein Carlito! Ich liebe meinen Carlito… *(schluchzt)*

*Hoppla*: Und den Umschlag – den Umschlag soll ich für den Fall…

*Vittorio*: Was! Wo ist der Umschlag? Was ist da drin?

*Hoppla*: Sie sagte, gewissermaßen ihre Lebensversicherungspolice... die ihrer Schwägerin, ja?

*Vittorio*: Was ist da drin?

*Hoppla*: Ich weiß es nicht. Irgendwelche Dokumente, vermute ich.

*Vittorio*: Hoppla, Sie haben ihn nicht geöffnet?

*Hoppla*: Nein, bei Gott, nein.

*Vittorio*: Wo ist er?

*Hoppla*: Ich weiß es nicht.

*Vittorio*: Was heißt das, Sie wissen es nicht?

*Hoppla*: Ich habe dem Gerede Ihrer Schwägerin keine Bedeutung beigemessen. Wie gesagt, sie kam mir verwirrt vor.

*Vittorio*: Wo ist der Umschlag?

*Hoppla*: Ich habe ihn meiner Sekretärin gegeben.

*Vittorio*: Mit irgendwelchen Andeutungen?

*Hoppla*: Nur, daß sie ihn verwahren soll... irgendwo in die Ablage.

*Vittorio*: Wo ist sie?

*Hoppla*: Wer?

*Vittorio*: Ihre Sekretärin.

*Hoppla*: Im Haus... irgendwo im Haus.

*Vittorio*: Holen Sie sie – sofort!

*Hoppla*: Sie machen sich unnötig Sorgen... Ihre Schwägerin war...

*Vittorio*: Holen!

*Hoppla ab. Vittorio unruhig hin und her. Hoppla und Daisy.*

*Daisy*: Guten Tag, Don Vittorio!

*Vittorio*: Guten Tag, Miss…

*Daisy*: Daisy… Miss Daisy.

*Vittorio*: Miss Daisy.

*Daisy*: Don Vittorio, ich bin ganz unglücklich.

*Vittorio*: Worüber?

*Daisy*: Der Maestro fragte mich nach dem Umschlag von Missis Benedetti…

*Vittorio*: Und?

*Daisy*: Ich weiß nicht, wo er ist – im Augenblick nicht. Ich bin ganz durcheinander.

*Vittorio*: Konzentrieren Sie sich, bitte. Es ist wichtig.

*Daisy*: Ich kann nicht.

*Vittorio*: Warum?

*Daisy*: Ich suche seit gestern diese Papiere… ich finde sie nicht – ich bin ganz durcheinander.

*Hoppla*: Miss Daisy, nehmen Sie es nicht so schwer, das kommt vor.

*Vittorio*: Was für Papiere?

*Daisy*: Die Begleitpapiere zu der Sendung neulich, Sie wissen schon.

*Vittorio*: Begleitpapiere?

*Daisy*: Die Personaldokumente zu der Sendung und der Totenschein – ich finde sie nicht. Das ist mir noch nie passiert! Darum weiß ich auch nicht, wo ich den Umschlag… Ich kann es mir nicht erklären, ich bin…

*Vittorio*: Ein tüchtiges Mädchen! So pflichtbewußt!

*Hoppla*: Sehr tüchtig! Ich kann sie nur loben.

*Vittorio*: Ja, ja – aber bitte… Konzentration jetzt – wo… wo?

*Daisy*: Ich bin ganz auf diese Papiere fixiert. Ich muß nachdenken – der Umschlag… wo… wo –? Ah, warten Sie! *(eilt zu einem Schrank, sucht)* Nein, hier auch nicht. Don Vittorio, es tut mir leid, ich komme nicht darauf.

*Hoppla*: Entspann dich, Kind, entspann dich… setz dich, komm zu dir – es ist offenbar sehr wichtig für Don Vittorio. Möchtest du etwas? Eine Tasse Kaffee?

*Daisy*: Danke, nein… das macht mich noch hibbeliger.

*Hoppla*: Du hast recht, Kaffee macht hibbelig.

*Vittorio (laut)*: Hören Sie mit Ihrem dämlichen ‚hibbelig‘ auf! Wo ist der Umschlag?!

*Daisy*: Don Vittorio! Sie machen mir… *(fängt an zu weinen)*

*Vittorio*: Hoppla! Der Umschlag!

*Hoppla*: Miss Daisy, Don Vittorio tut Ihnen nichts, er ist ein lieber Mensch… ein gütiger Mensch.

*Vittorio*: Hoppla –!

*Hoppla*: Miss Daisy, denken Sie nach… ist es möglich, daß Sie –?

*Daisy weint stärker.*

*Hoppla*: …daß Sie den Umschlag bereits an Rechtsanwalt –?

*Daisy (hört auf zu weinen, freudig)*: Natürlich, Maestro! – Ich habe ihn bereits an Rechtsanwalt… Sie sagten, für den Fall, daß… In dem Umschlag sei sozusagen Ihre Lebensversicherungspolice, ich solle ihn sofort an Rechtsanwalt…

*Vittorio*: Hoppla –!?

*Hoppla*: Don Vittorio?

*Vittorio*: Wollen Sie mich auf den Arm nehmen?!

*Hoppla*: Ganz gewiß nicht, Don Vittorio. Wenn Miss Daisy es sagt, verhält es sich so. Der Umschlag ist bei Rechtsanwalt… Für den Fall, daß….

*Vittorio*: Welcher Rechtsanwalt?

*Hoppla*: Don Vittorio, erlauben Sie…

*Vittorio*: Welcher Anwalt?

*Hoppla*: Der Anwalt und ich… wir haben uns gegenseitige Verschwiegenheit gelobt. Sie sind ein Ehrenmann, Sie wissen, was das bedeutet.

*Vittorio*: Zum Teufel mit Ihrer Ehre! Ich will wissen… *(lacht plötzlich)* Hoppla, Sie bluffen!

*Hoppla*: Natürlich bluffe ich.

*Vittorio*: Haha… er blufft!

*Hoppla*: Und Ihre Schwägerin würde die Existenz des Umschlags natürlich abstreiten.

*Vittorio*: Gewiß doch!

*Hoppla*: Aus verständlichen Gründen!

*Vittorio*: Eben – weil es ihn nicht gibt.

*Hoppla*: Sagen Sie.

*Vittorio*: Hoppla, Sie sind ein raffinierter Hund.

*Hoppla*: Danke.

*Vittorio*: Aber für mich nicht raffiniert genug.

*Hoppla*: Meinen Sie? Lassen Sie es darauf ankommen. Dann werden Sie sehen, was passiert.

*Vittorio*: Das würden Sie nicht mehr erleben.

*Hoppla*: Und Sie würden´s nicht *über*leben... Ihre Firma auch nicht. Sie hätten plötzlich so viel Öffentlichkeit, wie Sie sich gar nicht vorstellen können, daß es Öffentlichkeit gibt.

*Vittorio (laut)*: Hoppla, Sie Scharlatan! Sie mieser, kleiner Scharlatan! Sie drohen mir mit... oooh... *(er faßt sich an die Brust, taumelt, ruft)* Keine Öffentlichkeit! *(stürzt zu Boden, bleibt reglos liegen)*

*Hoppla (geht zu ihm, fühlt seinen Puls)*: Exitus – umso besser! Auf die Weise umso besser.

*Daisy*: Tot? Wirklich?

*Hoppla*: Ja. – Laß mich nachdenken. – Ja, perfetto! Perfetto, Don Vittorio!

*Daisy (geht zu Vittorio, betrachtet ihn)*: Das ging aber fix mit ihm.

*Hoppla*: Für einen wie den viel zu fix.

*Daisy*: Und jetzt?

*Hoppla*: Laß mich noch mal überlegen. – Ja, zuerst kommt der Ersatzmann weg... heute abend noch... nach dem kräht kein Hahn.

*Daisy (zeigt auf Don Vittorio)*: Und er?

*Hoppla*: Den mach ich zurecht.

*Daisy*: Ist das nötig? – Sagten Sie nicht, der Bruder kann so bleiben? Dann kann er doch auch einfach weg.

*Hoppla*: Nein, ich muß ihn zurechtmachen.

*Daisy*: Warum?

*Hoppla*: Wegen deinem Liebsten.

*Daisy*: Wieso?

*Hoppla*: Der weiß über die ganze Sache Bescheid. Der kommt vielleicht auf die Idee und will beide sehen, Carlito und den Ersatzmann. Wenn der heute abend weg ist, ist halt Don Vittorio der Ersatzmann. Den kriege ich auch ohne Probleme hin. Da wird niemand merken, daß bei der Trauerfeier ein Falscher im Sarg liegt.

*Daisy*: Soll er rein?

*Hoppla*: Er wollte einen Ersatzmann, dann kriegt er einen Ersatzmann.

*Daisy*: Genial, Maestro! Sie sind wirklich ein Genie!

*Hoppla*: Und du bist ein verdammt anständiges Mädchen. Ich danke dir. Ohne dich hätte ich es diesmal nicht geschafft, glaube ich

*Daisy (sieht aus dem Fenster)*: Maestro –!

*Hoppla*: Was ist?

*Daisy*: Giustos Wagen!

*Hoppla*: Was! Wo?

*Daisy*: Auf dem Parkplatz… er rangiert noch.

*Hoppla*: Los, schnell, schnell… faß mit an! Der muß hier weg! Ins Atelier mit ihm!

*Sie schleifen Don Vittorio zum „Atelier".*

*Hoppla*: Sein letzter Wunsch soll ihm erfüllt werden, oder?

*Daisy*: Welcher?

*Hoppla*: Keine Öffentlichkeit… so wenig Öffentlichkeit hat der noch nie gehabt.

*Hoppla zieht Don Vittorio ins „Atelier", kommt wieder heraus.*

*Hoppla*: Ich schließe mich ein… bin bei der Arbeit… in der schöpferischen Phase… darf auf keinen Fall gestört werden, klar? – Und schalt das Mikrofon ein!

*Daisy*: Klar. *(sie läuft umher, blickt prüfend überall hin, sieht Don Vittorios Hut auf dem Boden, nimmt ihn auf, stopft ihn in den Kühlschrank; es klopft)* Herein! – Mister Giusto! Sind Sie geflogen?

*Giusto*: Ich *bin* geflogen, ja!

*Daisy*: Wir haben doch grad erst telefoniert.

*Giusto*: Ich bin geflogen! Zu Ihnen! – Bitte! *(über-reicht ihr einen Blumenstrauß, den er bisher hinter dem Rücken hielt)*

*Daisy*: Mister Giusto! Danke, vielen Dank! Sind die schön! An einem schönen Tag so schöne Blumen!

*Giusto*: Schöner Tag? – Es regnet. Nein, Sie haben recht, ein schöner Tag!

*Daisy*: Sag ich doch! Und schöne Blumen.

*Giusto*: Gefallen sie Ihnen?

*Daisy*: Sehr schön... ich stelle sie gleich in eine Vase. *(sie geht zum Atelier)* Ach, nein, da kann ich jetzt nicht hinein.

*Giusto*: Warum nicht?

*Daisy*: Äh, der Maestro... er hat sich eingeschlossen, darf auf keinen Fall gestört werden. Das macht er immer, wenn er in der schöpferischen Phase ist. Er ist ein großer Künstler, wir müssen leise sein.

*Giusto*: Ja, flüstern wir miteinander. Flüstern hat etwas Intimes, nicht?

*Daisy*: Mister Giusto, bis siebzehn Uhr ist nichts mit Intimität. Und danach auch nicht.

*Giusto*: Sie sind so schrecklich unromantisch, Miss Daisy.

*Daisy*: Bin ich das?

*Giusto*: Fast streng.

*Daisy*: Manche brauchen das.

*Giusto (sieht sich um)*: Don Vittorio war nicht zufällig hier?

*Daisy*: Nein. – Wollte er kommen? Zu uns?

*Giusto*: Ich weiß nicht. *(sieht die Champagnerflasche auf dem Kühlschrank)* Eine kleine Feier?

*Daisy*: Wie?

*Giusto zeigt auf die Flasche.*

*Daisy*: Ach so – äh, ein Geschäftsabschluß... gewissermaßen ein Geschäftsabschluß... gerade erst. Darauf stoßen wir manchmal an.

*Guisto*: Sollten Sie ihn nicht lieber kalt stellen?

*Daisy*: Wen?

*Guisto*: Den Champagner – warten Sie, ich mache das. *(öffnet den Kühlschrank)*

*Daisy*: Nicht!

*Giusto*: Warum nicht?

*Daisy*: Der Maestro...

*Giusto*: Ja?

*Daisy*: ...trinkt ihn gern warm.

*Giusto*: Warmen Champagner? Bää... *(schüttelt sich, sieht in den Kühlschrank)* – Da ist ein Hut drin.

*Daisy*: Ein Hut?

*Giusto*: Ein Hut. *(nimmt den Hut heraus, betrachtet ihn)* Gehört der nicht Onkel Vittorio?

*Daisy*: Nein! Dem Maestro!

*Giusto*: Was macht der da drin?

*Daisy*: Der Hut? – Der… er muß kühlen Kopf bewahren, der Maestro, ja… kühlen Kopf… in der schöpferischen Phase. Dann setzt er ihn manchmal auf… den gekühlten Hut... wenn er nicht weiterweiß.

*Giusto*: Und das hilft?

*Daisy*: Ja… tun Sie ihn wieder rein.

*Giusto (lacht)*: Künstler haben ihre Marotten, nicht? – Hut gekühlt, Champagner warm! *(betrachtet den Hut erneut)*: Seltsam, ich könnte schwören…

*Daisy*: Ja, sehr seltsam. Mir war es auch sofort aufgefallen… sie tragen beide den gleichen Hut… welch Zufall, nicht?

*Giusto (betrachtet die Flasche)*: Exquisiter Tropfen – die Geschäfte scheinen gut zu gehen. *(legt den Hut in den Kühlschrank zurück)*

*Daisy*: Wir haben halt exquisite Kundschaft… keine Laufkundschaft, nein.

*Giusto*: Haha, keine Laufkundschaft – Sie haben Humor, Miss Daisy.

*Daisy*: Trotzdem, selbst bei uns… unverhofft kommt oft.

*Giusto*: Darf man fragen, wer?

*Daisy*: Fragen darf man.

*Giusto*: Und?

*Daisy*: Antwort kriegt man nicht.

*Hoppla (Stimme aus einem Lautsprecher)*: Miss Daisy…

*Daisy (in das Mikrofon)*: Ja?

*Hoppla*: Musik, bitte.

*Daisy*: Was?

*Hoppla*: Osmin… O, wie will ich triumphieren!

*Daisy*: In Ordnung. *(sie geht zu einem Computer, betätigt die Tastatur, die Musik setzt ein)*

*Giusto (hört zunehmend befremdet zu, gibt dann Daisy zu verstehen, den Ton leise zu stellen)*: Eine seltsame Inspiration, die sich der Maestro da verschafft.

*Daisy*: Mal so, mal so.

*Giusto*: Ich verstehe nicht.

*Daisy*: Je nach Kunde, Mister Giusto, je nach Kunde.

*Giusto*: Sie wirken so freudig, Miss Daisy.

*Daisy*: Am liebsten würde ich tanzen.

*Giusto*: Wegen der schönen Blumen?

*Daisy*: Weil sich alles findet – im Leben, nicht wahr?

*Giusto*: Aha…

*Daisy*: Don Vittorio bestimmt auch… er findet sich wieder ein, meine ich.

*Giusto*: Ganz bestimmt.

*Sie stellt den Ton laut, beginnt zu tanzen.*

## Viertes Bild

*In der Kapelle mit offenem Sarg. Hoppla geht umher, prüft, arrangiert hier und da etwas.*

*Hoppla*: Kamera ein, bitte! – Daisy –?

*Daisy (aus einem Nebenraum)*: Ja?

*Hoppla*: Kamera, bitte!

*Das Gesicht des Toten erscheint auf einer großen Projektionsfläche.*

*Hoppla (betrachtet es)*: Wunderbar! Perfetto, Don Vittorio! Habe ich gut hingekriegt… in allem.

*Daisy (kommt herein, betrachtet das Gesicht ebenfalls)*: Maestro, großartig!

*Hoppla*: Danke.

*Hoppla (schlägt in die Hände)*: Perfetto! *(streckt die Arme nach Daisy aus, verbeugt sich; sie läuft zu ihm. Sie beginnen zu tanzen, Hoppla singt dabei)* Se vuol ballare, signor Vittorio? – Will Herr Vittorio ein Tänzchen wohl wagen? *(singt die Melodie ohne Text weiter, sie tanzen)*

*Daisy*: Ich schalte die Kamera wieder aus, ja? *(sie geht in den Nebenraum, das Bild verschwindet.)*

*Hoppla (tanzt allein, singt)*: Se vuol ballare, signor mafioso? – Will der Herr Gangster ein Tänzchen wohl wagen? *(singt wieder ohne Text und tanzt weiter)*

*Daisy (in der Tür)*: Maestro, Giusto kommt gleich.

*Hoppla*: Wenn er reinkommt, Bild und Musik, ja?

*Daisy*: Ave verum corpus?

*Hoppla*: Ja.

*Bevor Giusto mit zwei Begleitern hereinkommt, hört Hoppla auf zu tanzen. Das Bild erscheint wieder, und die Musik beginnt. Die Begleiter bleiben bei der Tür, Giusto geht stockend vor das Bild, starrt es an, sinkt langsam in die Knie, die Begleiter ebenfalls. Giusto beginnt zu schluchzen. Die Musik hört auf, Giusto verharrt zunächst, steht dann auf, die Begleiter auch.*

*Giusto*: Maestro, ich bin… mir fehlen die Worte… ich bin erschüttert. – Onkel Carlito! Ganz Onkel Carlito! Mein Vorbild… wie das Idealbild seiner selbst. Ich weiß nicht, was ich sagen soll. Wenn ich ihn je so im Leben gesehen hätte, ich weiß nicht, ob ich es gekonnt hätte.

*Hoppla*: Was?

*Giusto*: Ihn, äh… ihn sozusagen…

*Hoppla*: Ja?

*Giusto*: Äh… ich sage es ungern, wir hatten kurz vor seinem Ableben eine Auseinandersetzung… einige unfreundliche Worte. Wenn ich es nur rückgängig machen könnte! – Ja, ich bin sicher, ich könnte es nicht mehr… diese Worte, ja? Mein lieber Onkel! Wie war er immer gut zu mir!

*Hoppla*. Wir bereuen manches, wenn jemand plötzlich aufgebahrt vor uns liegt… und haben oft genug

Grund dazu – manchmal allerdings... manchmal können wir nicht anders. Man muß sich behaupten im Leben, nicht wahr?

*Giusto*: Ja, ich mußte mich behaupten. Ich danke Ihnen, Maestro, Sie sind ein verständnisvoller Mensch. *(starrt wieder auf das Bild)* Es ist unfaßbar! Und dabei ist er es gar nicht... wie haben Sie das hingekriegt? Der... äh, die Ersatzlieferung sah ganz anders aus, hat man mir gesagt – in der Eile, verstehen Sie... es ließ sich nichts anderes beschaffen.

*Hoppla*: Es war nicht einfach, muß ich sagen... zu schwer aber auch nicht. Ich hatte schon schwierigere Fälle. Rekonstruktionen...

*Giusto*: Wie?

*Hoppla*: Bei Unfällen... bei Gewaltopfern.

*Giusto (zeigt auf den Sarg)*: Der war kein Gewaltopfer! Das glauben Sie doch nicht, oder?

*Hoppla*: Er ist kein Gewaltopfer. Ich weiß es.

*Giusto*: Sie wissen es?

*Hoppla*: Gewissermaßen... gewissermaßen indirekt – Gewaltopfer sehen anders aus, verstehen Sie? – Etwas... derangiert sehen sie aus.

*Giusto*: Derangiert... verstehe. – Aber der nicht, oder?

*Hoppla*: Der? – Überhaupt nicht! Ein Glücksfall für einen wie mich, in jeder Hinsicht.

*Giusto*: Wenn ich Onkel Carlito nicht vorhin noch in der Kühlkammer gesehen hätte, ich würde schwören, er liegt hier im Sarg. Mit einem solchen Ausdruck! – Nein, ich hätte es nicht gekonnt.

*Hoppla*: Die… unfreundlichen Worte, ja?

*Giusto*: Die unfreundlichen Worte, ja.

*Hoppla*: Noch können Sie ihn um Vergebung bitten.

*Giusto*: Für alles? Ich meine… alles, was man vielleicht…

*Hoppla*: Für alles. Ich bin sicher, er wird sie Ihnen gewähren.

*Giusto (geht zum Sarg, faltet die Hände, bewegt die Lippen, bekreuzigt sich, kommt zurück)* Ich glaube, ich habe jetzt meinen Frieden mit ihm… oder nicht? Ich habe doch zu einem anderen gesprochen, kann der mir in Onkel Carlitos Namen vergeben?

*Hoppla*: Ich glaube schon. Im Tod sind alle gleich… der dort ist darum gewissermaßen ein Medium und Ihnen viel näher, als Sie sich vielleicht vorstellen – äh, darum, verstehen Sie.

*Giusto*: Das erleichtert mich, das erleichtert mich wirklich. Aber wie kriegen Sie das hin?

*Hoppla*: Was?

*Giusto*: Aus jemand einen anderen machen.

*Hoppla*: So viel anders ist der gar nicht… äh, ich meine, wir alle sind Menschen… und Medien… und dann geht das.

*Giusto*: Wie?

*Hoppla*: Möchten Sie technische Details erfahren?

*Giusto*: Ja.

*Hoppla*: Entschuldigen Sie, auf einer Trauerfeier?

*Giusto*: Sie brauchen es ja nur anzudeuten.

*Hoppla*: Viele Kosmetika, Spezialkosmetika natürlich. Erst eine Art Grundierung, sonst halten auch die nicht. Eine Grundierung, die auf der Haut von Toten haftet. Wachs, Paraffin, das unter die Haut gespritzt wird… viel Modellieren, viel Detailarbeit…

*Giusto*: Genial!

*Kleine Pause.*

*Hoppla*: Wann wird Don Vittorio –?

*Giusto*: Don Vittorio? – Wissen Sie das nicht?

*Hoppla*: Was?

*Giusto*: Nein, woher sollten Sie es wissen...

*Hoppla*: Hoffentlich nichts Unerfreuliches.

*Giusto*: Wir machen uns große Sorgen, Maestro. Er ist verschwunden. Keiner weiß, wo er ist… wo er zuletzt war.

*Hoppla*: Das ist gut.

*Giusto*: Wie?

*Hoppla*: Äh, wenn man nicht weiß, wo er war, dann weiß man natürlich auch nicht, wo er ist. Das ist logisch, nicht wahr? Und wenn Logik in einer Sache ist, dann ist das gut… so meine ich das.

*Giusto*: Ja, Logik… dann ist das gut.

*Hoppla*: Und Sie haben keine Vorstellung –?

*Giusto*: Nein.

*Hoppla*: Eventuell die Konkurrenz – eine unliebsame Konkurrenz –?

*Giusto*: Mit der Konkurrenz haben wir uns arrangiert. Nein, das kann ich mir nicht vorstellen.

*Hoppla*: Und trotz der Ungewißheit –?

*Giusto*: Die Trauerfeier soll stattfinden, obwohl auch Tante Mary, Missis Benedetti, nicht teilnehmen kann.

*Hoppla*: Nicht?

*Giusto*: Sie hat mich vorhin angerufen. Sie hatte einen Schwächeanfall. Sie ist in Gedanken bei Onkel Carlo, die Ärmste.

*Hoppla*: In Gedanken, wie sonst.

*Giusto*: Wie?

*Hoppla*: In Gedanken… in seligem Gedenken.

*Giusto*: Ja.

*Hoppla*: Sie muß viel durchmachen. Erst der liebe Mann, dann der liebe Schwager…

*Giusto*: Der liebe Schwager?

*Hoppla*: Äh… die Ungewißheit – die Ungewißheit um den lieben Schwager.

*Giusto*: Ja.

*Hoppla*: Und sonst?

*Giusto*: Wie?

*Hoppla*: Kommt noch jemand? Die Kinder?

*Giusto*: Die Kinder? Nein. – So liebe Kinder! So sensibel… feinsinnig erzogen… sie müssen kein Trauma erleiden.

*Hoppla*: Dann könnten wir anfangen, oder?

*Giusto*: Ja, sofort. Ich würde gern noch Miss Daisy begrüßen. Ist sie hier nicht irgendwo?

*Hoppla*: Nebenan.

*Giusto geht in den Nebenraum.*

*Hoppla (vorn an der Rampe)*: Liebe Trauergemeinde, aus Freude darüber, daß dank meiner Kunst ein Mensch in den Zustand der Seligkeit unmittelbarer Zwiesprache mit Gott versetzt scheint... nein, wir wollen ehrlich miteinander sein – *wir* dürfen es! Liebes Publikum, aus Freude darüber, daß zumindest in diesem Theaterstück, im richtigen Leben eher selten, ein Gangster, ein Obergangster seine verdiente Strafe gefunden hat, antworten Sie mir jedes Mal, wenn ich gleich während meiner Ansprache Halleluja rufe, mit einem fröhlichen, aus dankbarem Herzen kommenden Halleluja… Gelobt sei der Herr! – Wir üben es vielleicht einmal: Halleluja! – Ja, schön, etwas lauter, bitte!

Halleluja! – Und noch freudiger!

Halleluja! – Wunderbar!

Natürlich können Sie einwenden, so ganz nobel sind wir anderen als Charakter ebenfalls nicht. Und Sie haben recht. Vielleicht sind wir sogar sehr schlechte und sehr dumme Menschen. Ich überlasse es Ihrem gütigen Wohlwollen, wie Sie uns beurteilen. Aber vergessen Sie bitte nicht, wir alle sind nur Menschen – Sie übrigens auch. Und dies ist ein Theaterstück, und das wirkliche Leben ist ganz anders. Und darum – Halleluja!

*Giusto (kommt zurück)*: Sie ist ein so –!

*Hoppla*: Das sage ich ihr auch immer.

*Giusto*: Ein so anständiges Mädchen!

*Hoppla*: Und daß sie so bleiben soll.

*Giusto*: Äh, ja. – Dann könnten wir anfangen.

*Hoppla*: Gut, fangen wir an.

*Giusto*: Ist das überhaupt nötig?

*Hoppla*: Was?

*Giusto*: Eine Trauerzeremonie. Wenn Tante Mary dabei wäre... aber wir wissen beide Bescheid. *(zeigt auf den Sarg)* Das ist ein Fremder, den keiner kennt. Soll ich für den Krokodilstränen vergießen? Das kommt mir albern vor. Rein mit ihm in den Ofen, und die Sache ist erledigt.

*Hoppla*: Er ist vielleicht ein Christenmensch.

*Giusto*: Und?

*Hoppla*: Dem man den letzten Segen nicht verweigern sollte.

*Giusto*: Dann sprechen Sie einen Segen und weg mit ihm!

*Hoppla*: Er ist ein Mensch.

*Giusto*: Und?

*Hoppla*: Ein Bruder.

*Giusto*: Ein Bruder!

*Hoppla*: Vielleicht ein Vater... ein Sohn auf jeden Fall... vielleicht ein Onkel.

*Giusto*: Meiner nicht! Der liegt drüben im Kühlfach. Also – weg damit!

*Hoppla*: Die Wege des Herrn sind unergründlich. Sie führen den einen hierhin, den anderen dorthin. Und wer man ist, weiß niemand – außer Gott... und denen, die ihm nahe sind. Wie ich als Priester vielleicht.

*Giusto*: Wie?

*Hoppla*: Äh, als Priester, ja. Gott weiß auf jeden Fall, wer er ist... also erweisen wir ihm die Ehre... im Angesicht Gottes.

*Giusto*: Im Angesicht Gottes, gut.

*Hoppla (tritt wieder an die Rampe)*: Du, der du hier aufgebahrt bist, seiest du Bruder, Vater, Sohn oder Onkel...

*Giusto*: Was haben Sie dauernd mit Ihrem Onkel!

*Hoppla*: Ist er etwa nicht Ihr Onkel... als sein Stellvertreter, meine ich.

*Giusto*: Stellvertreter! – Alle hier wissen Bescheid! Auch Gott weiß Bescheid, daß das ein fauler Zauber ist. Denken Sie, er läßt sich übers Ohr hauen? Er weiß, wer vor ihm steht.

*Hoppla*: Eben deshalb – lassen Sie es mich bitte in Würde zu Ende bringen.

*Giusto*: Bitte, bitte.

*Hoppla*: Ob also Bruder, Vater, Sohn oder Onkel – du bist glücklich! Halleluja!

*Giusto*: Halleluja.

*Hoppla*: Ein Blick nur auf dein Angesicht, und jeder sieht, du bist glücklich. – Und sagt sich, ob bewußt oder unbewußt: ich will auch glücklich werden! Im Leben bereits so glücklich sein, wie dieser im Tode ist und dann noch glücklicher, wenn er vor seinem Herrn steht – Halleluja!

*Giusto*: Halleluja.

*Hoppla*: Bruder Carlo, du bist, du warst... äh, du *hattest*, du hattest einen Windhund – Halleluja! Du hast ihn geliebt wie deine feinsinnigen Kinderchen und deine liebe Mary, die über dein Hinscheiden ganz wirr wurde... so dachte ich, als sie mir den Umschlag... Nun ja, dein geliebter Windhund frißt nicht mehr, stand in dem Brief, der in dem Umschlag steckte, und wahrscheinlich folgt er dir bald nach – Halleluja!

*Giusto*: Halleluja.

*Hoppla*: Ja, die Treue eines Tieres... Treue bis in den Tod wie unter liebenden Brüdern und Gatten – Halleluja!

*Hoppla*: Möge Gott der Herr einen Himmel für Windhunde und eine Hölle für Höllenhunde – ich meine, einen Himmel für Hunde und Menschen gemeinsam haben, daß ihr möglichst bald wieder vereint seid – Halleluja!

*Hoppla*: Vereint in hündischer Liebe oder brüderlicher Untreue… oder umgekehrt. Du, der du dort liegst, wirst wissen, was ich meine. Und egal, wie… dein letzter Wunsch, deine letzten Worte gehen in Erfüllung – keine Öffentlichkeit! Halleluja!

*Hoppla*: Was dir Schmerz machen würde, Bruder Carlo, und was uns allen Schmerz macht, ist das unerklärliche Verschwinden deines lieben Bruders Vittorio – Halleluja!

*Hoppla*: Doch im Angesicht Gottes hast du keinen Schmerz mehr. Du bist aller Sorgen enthoben, auch der um deinen Bruder. Du weißt wie wir, daß er unter uns weilt und dir nahe ist – Halleluja!

*Hoppla*: Wo er auch sein mag, nicht nur im Herzen ist er dir nahe.

*Giusto (schluchzt)*: Halleluja.

*Hoppla*: So fahre denn hin, Onkel Vi… äh, Onkel Carlo! Friede deiner Asche! Halleluja! *(gibt Daisy ein Zeichen, das Bild verschwindet)* Ein großer Sünder ist von uns gegangen – exsultate, jubilate! Musik, bitte!

*Daisy*: Was?

*Hoppla*: Das Alleluja.

*Die Musik setzt ein. Hoppla beginnt zu tanzen, Daisy kommt hinzu, tanzt ebenfalls. Sie fordert Giusto auf mitzumachen, der zunächst zögert. Zu dritt geben sie eine Balletteinlage)*

*Giusto (geht zu Hoppla, gibt ihm die Hand)*: Es war richtig.

*Hoppla*: Was?

*Giusto*: Die Zeremonie abzuhalten.

*Hoppla*: Sie sind in Ihrem Herzen ein guter Mensch, Mister Giusto.

*Giusto*: Das bin ich, Maestro, das bin ich. Jedesmal, wenn ich weine, weiß ich es.

*Hoppla*: Sie müssen sich dessen nicht schämen.

*Giusto*: Nein, wenn man ein gutes Herz hat, muß man sich dessen nicht schämen.

*Hoppla*: War es zu Ihrer Zufriedenheit?

*Giusto*: Sie haben mich zum Weinen gebracht, was will man mehr! – Nur eins hat mich irritiert.

*Hoppla*: Ja?

*Giusto (wendet sich an Daisy)*: O, Miss Daisy! Sie hätten mich sehen sollen! – Ich mußte weinen.

*Daisy*: Ich habe es gesehen.

*Giusto*: Und?

*Daisy*: Hübsch sah das aus.

*Giusto*: Hübsch?

*Daisy*: Hübsch sympathisch.

*Giusto*: O, das freut mich.

*Hoppla*: Was hat Sie irritiert?

*Giusto*: Der Windhund. – Was sollte das mit dem Windhund? Er hatte keinen Windhund.

*Hoppla*: Nicht?

*Giusto*: Nein.

*Hoppla*: Ihr Onkel sprach davon.

*Giusto*: Wer? – Onkel Carlo? Kannten Sie ihn?

*Hoppla*: Nein, Don Vittorio. Don Vittorio sprach von einem Windhund.

*Daisy*: Ja, Don Vittorio sprach von einem Windhund. Ich erinnere mich auch.

*Giusto*: In welchem Zusammenhang?

*Daisy*: Von einem Windhund halt – einem windigen, sehr windigen… so schnell wie der Wind.

*Giusto*: Das verstehe ich nicht.

*Hoppla*: Wollte er sich einen zulegen?

*Giusto*: Nein. *(er überlegt)* Ein so großer Sünder war er gar nicht.

*Hoppla (zeigt auf den Sarg)*: Der war ein großer Sünder, glauben Sie mir.

*Giusto*: Und was war das für ein Umschlag?

*Hoppla*: Ach, der Umschlag… ich sagte bereits, ich war etwas verwirrt.

*Giusto*: Sie?

*Daisy*: Ja, der Maestro. Ich hatte einen Umschlag verlegt, einen Umschlag mit wichtigen Dokumenten

– ich glaube für die Ersatzlieferung… und da war der Maestro etwas verwirrt.

*Giusto*: Sagten Sie nicht etwas von einem Brief? In dem steht, daß der Hund nicht mehr frißt? – Wo er doch gar keinen Hund hatte.

*Daisy*: Der Maestro war sehr verwirrt… und er frißt auch wirklich nicht mehr.

*Giusto*: Wer?

*Hoppla*: Äh, der Hund… mein Hund. Ja, ich mache mir Sorgen. Auch wegen Ihres Onkels natürlich.

*Giusto*: Der ist tot.

*Daisy*: Woher wissen Sie das?

*Giusto (zeigt auf den Sarg)*: Na, da liegt er doch! – Nein, da drüben irgendwo! – Oder wen meinen Sie?

*Hoppla*: Ihren Onkel.

*Giusto*: Onkel Carlo oder Onkel Vittorio?

*Hoppla*: Don Vittorio… wegen der Sorgen.

*Giusto (zu Daisy)*: Der ist tot? Woher wissen Sie das?

*Daisy*: Ich weiß gar nichts.

*Giusto*: Sagten Sie nicht gerade, er ist tot?

*Daisy*: Ich fragte, woher Sie wissen, daß er tot ist.

*Giusto*: Wenn Sie so fragen, müssen Sie aber wissen, daß er tot ist.

*Daisy*: Ich weiß gar nichts. Ich dachte, Sie wissen, daß er tot ist.

*Giusto*: Ich weiß auch nichts. Am wenigsten, ob er tot ist. Seltsam…

*Hoppla*: Ja?

*Giusto*: Ich dachte wirklich einen Moment…

*Hoppla*: Ja?

*Giusto*: Nichts. Ich habe Miss Daisy falsch verstanden.

*Daisy*: Offensichtlich! Ich glaubte schon…

*Giusto*: Miss Daisy, verzeihen Sie! Ich bin ebenfalls ganz durcheinander… nicht nur wegen meines Onkels.

*Daisy*: Mister Giusto, wir sind in einer Bestattungskapelle! Wahren Sie bitte die Würde des Ortes!

*Giusto*: Natürlich, Miss Daisy.

*Hoppla*: Wollen Sie der Einäscherung beiwohnen?

*Giusto*: Gerne. Man will doch sehen, daß alles mit rechten Dingen zugeht. Kein doppelter Boden und so.

*Daisy*: Mister Giusto!

*Giusto*: Das war ein Scherz… sollte einer sein. Ich komme bei Ihnen auch gar nicht an.

*Daisy*: Tun Sie nicht, nein.

*Hoppla*: Können Ihre Leute mir behilflich sein?

*Giusto gibt den beiden ein Zeichen; sie folgen Hoppla, der hinausgeht.*

*Pause.*

*Giusto*: Miss Daisy…

*Daisy*: Ja.

*Giusto*: Was kann ich tun, um –?

*Daisy*: Nichts.

*Giusto*: Nichts?

*Daisy*: Gar nichts.

*Giusto*: Können Sie mir nicht ein bißchen Hoffnung geben?

*Daisy*: Worauf?

*Giusto*: Worauf –!

*Daisy*: Daß ich eines Ihrer Flittchen werde?

*Giusto*: Flittchen? – Ich habe keine Flittchen!

*Daisy*: Und ich bin ein anständiges Mädchen.

*Giusto*: Deshalb ja, deshalb! Wo gibt's heute noch ein anständiges Mädchen. Lauter Flittchen überall!

*Daisy*: Ich bin kein Flittchen.

*Giusto*: Ich… ich würde Sie gerne meiner Mutter vorstellen.

*Daisy*: Und dann?

*Giusto*: Und dann –! Wir sind Sizilianer! Das ist, als wären wir verlobt… dann *sind* wir verlobt!

*Daisy*: Da gehören zwei dazu, oder?

*Giusto*: Zwei… natürlich – darum frage ich ja.

*Daisy*: Was fragen Sie?

*Giusto*: Was? – Hoffnung… ein bißchen Hoffnung.

*Daisy*: Mister Giusto, ich wiederhole mich ungern, aber ich muß es wohl: Wir sind in einer Bestattungs-kapelle!

*Giusto*: O, mamma mia! Sie sind ein harter Brocken.

*Daisy*: Worauf Sie sich verlassen können.

*Giusto*: Miss Daisy –!

*Daisy*: Nein! Und nun hören Sie auf davon. Ich bin im Dienst.

*Giusto*: Und danach?

*Daisy*: Keine Intimitäten… hat sich nichts geändert.

*Giusto*: Und wird sich was ändern?

*Daisy*: Kann ich in die Zukunft sehen? Können Sie das?

*Giusto*: O, Miss Daisy! Das ist schon fast etwas wie Hoffnung!

*Daisy*: Ich habe nichts gesagt.

*Giusto*: Nein, nein, Sie haben nichts gesagt. Trotzdem danke!

*Hoppla kommt zurück. Die beiden Männer schieben einen Transportwagen, auf dem Carlo, in ein Laken gewickelt, liegt. Sie legen ihn in den Sarg, gehen wieder an die Tür.*

*Hoppla*: Möchten Sie Abschied nehmen?

*Giusto*: Ja, danke. *(er geht zum Sarg, zieht das Laken von Carlos Gesicht, starrt länger auf die beiden Toten, schüttelt den Kopf, kommt zurück)*

*Hoppla (geht zum Sarg, legt den Deckel auf, verschraubt ihn, geht zu einer Schalttafel)*: Soll ich –?

*Giusto*: Ja, äh…

*Hoppla*: Bitte?

*Giusto*: Einen Moment noch, Maestro.

*Hoppla*: Ja.

*Giusto (mit den Gedanken woanders)*: Warum... frißt er nicht mehr?

*Hoppla*: Wer? *(er deutet auf den Sarg)* Er?

*Giusto*: Der ist tot.

*Hoppla*: Wer dann?

*Giusto*: Der...

*Hoppla*: Wen meinen Sie?

*Daisy*: Er meint den Hund, nicht wahr, Mister Giusto?

*Giusto*: Äh, natürlich... der Hund. Ich meine den Hund. Warum frißt er nicht mehr?

*Hoppla*: Welcher Hund?

*Giusto*: Ihr Hund.

*Hoppla*: Ach, mein Hund – ich glaube, äh... ich glaube... er hat Liebeskummer – ja, eine Hündin in der Nachbarschaft.

*Giusto*: Liebeskummer?

*Daisy*: Wie Mister Giusto offenbar.

*Giusto*: Miss Daisy, ich bin kein Hund!

*Daisy*: Und Sie essen vermutlich auch noch, oder?

*Giusto*: Ja... nein – ehrlich gesagt, mein Appetit...

*Daisy*: Ja?

*Giusto*: Mit meinem Appetit war es schon besser.

*Daisy*: Das gibt sich wieder.

*Giusto*: Meinen Sie?

*Hoppla*: Sicher, wie bei meinem Hund.

*Daisy*: Eben, wenn das mit der Hündin vorbei ist, dann frißt Ihr Hund wieder, Maestro. Machen Sie sich keine Sorgen.

*Giusto*: Aber ich bin kein Hund! Ich...

*Daisy*: Waren Sie schon bei einem Doktor wegen der Appetitlosigkeit? Ich kann Ihnen den Maestro empfehlen. Er ist auch Arzt.

*Giusto*: Tatsächlich?

*Daisy*: Doktor der Medizin, ja. Fachgebiet Innere Medizin... und Psychiater ist er auch noch. Sie wären in jedem Fall bei ihm gut aufgehoben.

*Giusto*: Erstaunlich! *Doktor* Hoppla! – Stimmt das, Maestro?

*Hoppla*: In aller Bescheidenheit, ja.

*Daisy*: Außerdem hat der Hund keinen Liebeskummer.

*Giusto*: Nicht? Was dann?

*Daisy*: Dicke...

*Giusto*: Ja, dicke –?

*Daisy*: Das, was Sie haben.

*Die beiden Männer lachen.*

*Daisy*: Aber wie ich schon sagte, das gibt sich wieder. Eines Ihrer Flittchen wird dafür sorgen. Und mit dem Appetit...

*Giusto*: Miss Daisy!

*Daisy*: Ja?

*Giusto*: Sie bringen mich um! Wollen Sie das?

*Daisy*: Ist es so schlimm mit Ihren… mit Ihrem Appetit?

*Giusto*: Ja.

*Hoppla*: Gut, können wir dann? *(streckt den Arm wieder aus)*

*Giusto*: Ja, äh… nein – einen Moment noch. *(zu den Männern)* Jungs, geht ihr mal raus?

*Die beiden Männer ab.*

*Hoppla*: Ist noch etwas?

*Giusto*: Ja.

*Hoppla*: Und was, bitte?

*Giusto*: Was sagten Sie, was war sein letzter Wunsch?

*Hoppla*: Wessen Wunsch?

*Giusto*: Seine letzten Worte?

*Hoppla*: Seine letzten Worte? Wessen Worte?

*Giusto*: Keine Öffentlichkeit! – Wer hat das gesagt?

*Hoppla*: Ach so – keine Öffentlichkeit. Wer das gesagt hat?

*Giusto*: Ja.

*Hoppla*: Ihr Onkel natürlich.

*Giusto*: Welcher Onkel?

*Hoppla*: Don… Don Carlo – wer sonst?

*Giusto*: Waren Sie dabei, als er die Worte gesagt hat?

*Hoppla*: Ich? – Nein.

*Giusto*: Woher wissen Sie es dann?

*Hoppla*: Ihr Onkel sagte es – Don Vittorio… der sprach davon.

*Giusto*: Der war auch nicht dabei.

*Hoppla*: Wobei?

*Giusto*: Als Onkel Carlo starb.

*Hoppla*: Nicht?

*Giusto*: Nein.

*Hoppla*: Warum sagt er dann –?

*Kleine Pause.*

*Giusto*: Wissen Sie, woher ich das weiß?

*Hoppla*: Was?

*Giusto*: Daß er nicht dabei war.

*Hoppla*: Nein.

*Giusto*: *Ich* war dabei – wenn Sie mich richtig verstehen.

*Hoppla*: Aha... und warum –? Äh, ich verstehe Sie richtig… Don Vittorio, meine ich… warum –?

*Giusto*: Ja, warum –? Warum sagen Sie, seine letzten Worte waren ‚keine Öffentlichkeit'?

*Hoppla*: Weil er es gesagt hat.

*Giusto*: Eben, eben – Onkel Vittorio hat es gesagt!

*Hoppla*: Nein, nicht Onkel –!

*Giusto*: So, jetzt hören Sie zu, Maestro! – Onkel Carlo war öffentlichkeitsgeil, verstehen Sie, der konnte gar nicht genug davon kriegen. Und Onkel Vittorio…

*Daisy*: Ob und auf welche Art der geil war oder nicht, ist seine Sache! Was wollen Sie überhaupt vom Maestro?

*Giusto*: Miss Daisy, bitte, das ist etwas… Geschäftliches, das geklärt werden muß – das hat mit anderen Dingen gar nichts zu tun. Vielleicht ist es besser, wenn Sie für einen Moment hinausgehen.

*Hoppla*: Nein! Sie hat mein volles Vertrauen! Sie ist in alle Geschäftsvorgänge eingeweiht.

*Giusto*: In alle?

*Hoppla*: In alle.

*Giusto*: Großartig!

*Daisy*: Mister Giusto, lassen Sie den Maestro in Ruhe!

*Kleine Pause.*

*Giusto*: Gut, ich mache es kurz: Hoppla, wer liegt da im Sarg?

*Hoppla*: Ihr Onkel... und den anderen kenne ich nicht.

*Giusto*: Onkel Carlo, ja. – Aber wer ist der Ersatzmann?

*Daisy*: Warum fragen Sie? Sie kennen ihn.

*Giusto*: So, ich kenne ihn?

*Daisy*: Natürlich, Sie haben ihn geliefert.

*Giusto (faßt unter seine Jacke, nähert sich Hoppla, zieht ein Stilett)* Ja, ich bin ein Sizilianer… ich habe ein Stilett.

*Hoppla weicht zurück, Giusto folgt ihm.*

*Daisy*: Mister Giusto!

*Giusto*: Soll ich ihm… *(zeigt mit dem Stilett auf den Sarg)* soll ich dem Ersatzmann damit die Schminke abkratzen?

*Kleine Pause.*

*Daisy*: Mister Giusto!

*Giusto*: Ja?

*Daisy*: Einen Moment! *(sie geht zu Hoppla, bespricht sich mit ihm)* Stecken Sie das Ding weg! Der Maestro ist unter Umständen bereit, mit Ihnen zu kooperieren.

*Giusto (steckt das Stilett weg)*: Wunderbar! Ich sagte doch, wir haben etwas Geschäftliches zu regeln, nur etwas Geschäftliches, nichts anderes. Hatten Sie irgendwelche Befürchtungen?

*Hoppla*: Äh, nein.

*Giusto*: Diese Sizilianer, alle haben sie ein Stilett, nicht? Und machen sogar Gebrauch davon. *(nähert sich Hoppla, faßt wieder in seine Jacke)* Na, wo ist denn –? – Ich finde meinen Schreibstift nicht… haben Sie etwas zu schreiben?

*Hoppla*: Etwas zu schreiben? Wofür?

*Daisy*: Hier. *(gibt ihm einen Stift)*

*Giusto (faßt erneut in die Tasche)*: Sehen Sie, was das ist?

*Hoppla*: Ein…

*Giusto*: Ein Scheckheft, ja. Dafür brauche ich etwas zu schreiben.

*Hoppla*: Aha…

*Giusto*: Eine kleine Vergütung für Sie, verstehen Sie?

*Hoppla*: Nein.

*Giusto*: Für Ihre Mithilfe… für bereits geleistete und eventuell zukünftige.

*Daisy*: Der Maestro ist zur Kooperation bereit – unter Berücksichtigung gewisser Sicherheitsaspekte.

*Giusto*: Miss Daisy, um Sicherheit geht es mir auch, genau darum. Ich muß wissen, wo ich dran bin. Wenn der Ersatzmann da der ist, den ich vermute, bin ich ab diesem Augenblick der Boss der Firma. Verstehen Sie, der *Boss*!

*Daisy*: Der Boss, ja.

*Giusto*: Der *Boss*!

*Daisy*: Und weiter.

*Giusto*: Ich kann mir alles leisten, nur keine Ungewißheit. Eigene Leute werden aufmüpfig, die Konkurrenz wittert ihre Chance… ein einziges Drunter und Drüber mit katastrophalen Folgen.

*Daisy*: Weiter.

*Giusto*: Die Geschäfte müssen in gewohnter Ruhe...

*Daisy*: Weiter!

*Giusto*: Sie brauchen gar nichts zu sagen. Ich fülle jetzt einen Scheck aus – fünfhunderttausend, reicht das?

*Daisy*: Eine Million.

*Giusto*: Gut, eine Million. Ich fülle ihn aus, und wenn Sie ihn annehmen, Maestro, weiß ich Bescheid. Ein solcher Gauner, ihn für nichts und wieder nichts anzunehmen, werden Sie nicht sein. *(füllt den Scheck aus, reicht ihn Hoppla)*

*Hoppla (zögert, schaut zu Daisy, die nickt; nimmt den Scheck, setzt die Brille auf, liest, steckt den Scheck in eine Brieftasche)*: Danke.

*Giusto*: Wunderbar! Ein Geschäft… ein sauberes Geschäft unter sauberen Geschäftsleuten! Nähere Umstände will ich gar nicht wissen. Wäre nur noch…

*Daisy*: Ja?

*Giusto*: Ich muß das irgendwie offiziell machen.

*Daisy*: Kein Problem.

*Giusto*: Mit Totenschein und allem.

*Daisy*: Stellt der Maestro aus. Todesursache?

*Giusto*: Äh… Herzkammerflimmern, Herzinfarkt, so was.

*Daisy*: Wird gemacht. – Die Einäscherung ist im engsten Familienkreis erfolgt. Das Ableben wird erst im nachhinein bekanntgegeben getreu dem Lebensmotto des Verstorbenen: keine Öffentlichkeit.

*Giusto (zu Hoppla)*: Ist sie nicht wunderbar!

*Hoppla*: Wunderbar! Ich gebe sie nie her. – So, können wir jetzt?

*Giusto*: Bitte.

*Hoppla (betätigt einen Schalter. Eine Schiebetür zum Nebenraum öffnet sich, der Sarg rollt hinein, die Tür schließt sich.)* Friede eurer Asche!

*Giusto*: Zwei Brüder…

*Daisy*: Gemeinsam gegen das Gesetz…

*Giusto*: Ja. *(schluchzt)*

*Daisy*: Und gemeinsam ins Feuer…

*Giusto*: Ja.

*Daisy*: Gemeinsam brennt es sich bestimmt besser als allein.

*Giusto*: O, Miss Daisy!

*Daisy*: In der Hölle auch?

*Giusto*: Wie?

*Daisy*: Zwei so liebe Brüder.

*Giusto*: Ja.

*Pause.*

*Hoppla*: Mister Giusto…

*Giusto*: Sagen Sie Don Giusto zu mir, bitte.

*Hoppla*: Don Giusto…

*Giusto*: Ich muß Ihnen übrigens noch ein Kompliment machen.

*Hoppla*: Ja?

*Giusto*: Onkel Vittorio war in Modedingen immer sehr konservativ, schrecklich konservativ. Wie Sie ihn für seine letzte Reise ausstaffiert haben, ich muß sagen… nach dem letzten Schrei… ganz nach der letzten New York fashion. Er hat enorm gewonnen, finde ich. Eine andere Ausstrahlung plötzlich... viel positiver, optimistischer, lebensfroh! Ja... *Mode!*

*Hoppla (deutet auf Giusto, düster))*: Mode – die Arabeske des Todes.

*Giusto (erschrocken)*: Was sagen Sie?

*Hoppla (zeigt auf die Tür, durch die der Sarg verschwunden ist)*: *Moden* –! Die Girlanden des Lebens... des immer jungen, erfolgreichen Lebens! *(lacht)*

*Giusto (stimmt erleichtert ein)*: Maestro, Sie begeistern mich! Und Sie sind wirklich sehr stilsicher – Kompliment! Ein Genie halt... in allem!

*Hoppla*: Danke.

*Kleine Pause.*

*Daisy (stupst Giusto mit einem Finger gegen die Brust)*: Ich gehe davon aus, Ihr Auftrag hat sich auf Grund neuerer Entwicklungen erledigt.

*Giusto*: Welcher Auftrag?

*Daisy*: Den Maestro betreffend.

*Giusto*: Sie wissen Bescheid?

*Daisy*: Wie der Maestro bereits sagte, ich bin in alle Geschäftsvorgänge eingeweiht.

*Giusto*: So, Geschäftsvorgänge...

*Daisy*: Und?

*Giusto*: Sicher, hat sich erledigt. *(lacht etwas)* Wir sind doch jetzt Partner, oder?

*Daisy*: Partner, sozusagen.

*Giusto (geht einige Schritte zurück, betrachtet sie)*:
Miss Daisy, Sie werden mir allmählich ein bißchen unheimlich.

*Daisy*: Unheimlich?

*Giusto*: Sie sind so verdammt clever.

*Daisy*: Sagt der Maestro auch immer, aber ihm bin ich nicht unheimlich, oder, Maestro?

*Hoppla*: Überhaupt nicht.

*Daisy*: Er ist nämlich noch cleverer.

*Giusto*: Ja, dann... dann – äh, ich fürchte, ich muß Ihnen jetzt einen Schmerz antun, Maestro.

*Hoppla*: Welchen?

*Giusto*: Sie werden sich nach einer neuen Mitarbeiterin umsehen müssen, die vielleicht weniger clever ist.

*Hoppla*: Wirklich?

*Giusto*: Ich hoffe! – Miss Daisy, begleiten Sie mich?
*(Daisy geht zu ihm; er reicht ihr die Hand, verbeugt sich)* Ich möchte Sie heute abend noch meiner Mutter vorstellen. *(Daisy knickst)*

*Hoppla*: Ich bin untröstlich – nein, Glück auf den Weg! Natürlich Glück auf den Weg!

*Giusto*: Danke, Maestro!

*Sie gehen.*

*Giusto*: Wir bleiben in Kontakt, Maestro!

*Hoppla*: Miss Daisy!

*Daisy*: Ja?

*Hoppla*: Denken Sie daran... die Beine zusammen!

*Giusto*: Wie?

*Hoppla*: Die Beine zusammen... äh, schön ruhig halten!

*Giusto*: Die Beine?

*Daisy*: Ich habe… hibbelige Beine.

*Giusto*: Hibbelig?

*Daisy*: Ja, hibbelig.

*Giusto*: Die Beine –?

*Daisy*: Ja, beim… beim Autofahren.

*Giusto*: Wie hibbelige Beine?

*Daisy*: Hibbelig halt!

*Giusto*: Ach so – Sie meinen…

*Daisy*: Das meine ich.

*Giusto*: Mit den Pedalen…

*Daisy*: Genau, mit den Pedalen…

*Giusto*: Sie sind eine von denen, die schon mal Brems- und Gaspedal verwechseln.

*Daisy*: Brems- und Gaspedal!

*Giusto*: Haha – dann kracht´s.

*Hoppla*: Dann kracht´s! Also schön aufpassen, Miss Daisy. Keine Eile mit dem… äh, im Verkehr, keine Eile.

*Daisy*: Sonst kracht´s.

*Hoppla*: Und man kommt nicht dahin, wo man vielleicht hin will.

*Daisy*: Keine Eile mit dem Verkehr! Ich denk dran, Maestro… versprochen!

*Giusto*: Haha – hibbelige Beine –!

*Sie gehen wieder los.*

*Hoppla*: Miss Daisy – zum guten Ende Musik?

*Daisy*: Ja! – Figaro… Ecco la marcia!

*Hoppla (streckt die Arme nach ihr aus, verbeugt sich)*: Und ein letztes Mal –?

*Daisy (läuft zu ihm)*: Ein *letztes* Mal, Maestro?

*Hoppla*: Wer weiß?

*Daisy*: Wer weiß!

*Sie läuft in den Nebenraum. Die Musik setzt ein. Daisy kommt zurück, sie und Hoppla tanzen. Zum Ende tanzt sie Giusto entgegen auf den Ausgang zu, Hoppla nach vorn an die Rampe. Daisy und Giusto ab)*

*Hoppla (holt die Brieftasche hervor, nimmt den Scheck, küßt ihn, hält ihn hoch in die Luft, ruft, mit der freien Hand Antwort fordernd, ins Publikum)* Halleluja! – *(weiter Antwort fordernd)* Halleluja! *(verharrt mit dem erhobenen Scheck noch etwas, dann ab)*

*Der dritte Satz aus der Klaviersonate Nr. 11, KV 331 ertönt. Alle Schauspieler kommen heraus, tanzen an der Rampe und animieren das Publikum, auf der Bühne oder im Zuschauerraum mitzutanzen. Je nachdem, wie die Leute mitmachen, werden noch die Sätze Menuetto und Rondeau aus der Serenata Not-*

*turna, KV 239 gespielt. (Bei Bedarf auch noch der Satz Marcia-maestoso)*